体育运动训练丛书

U0692378

Basketball Anatomy

# 篮球运动系统训练

全彩图解版

【美】 布莱恩·科尔（Brian Cole） 著
罗布·帕纳列洛（Rob Panariello）

张明 译

人 民 邮 电 出 版 社

北 京

图书在版编目（ＣＩＰ）数据

篮球运动系统训练：全彩图解版／（美）布莱恩·
科尔（Brian Cole），（美）罗布·帕纳列洛
(Rob Panariello)著；张明译. -- 北京：人民邮电出
版社，2016.7
    ISBN 978-7-115-42160-9

Ⅰ．①篮… Ⅱ．①布… ②罗… ③张… Ⅲ．①篮球运
动—运动训练—图解 Ⅳ．①G841.2-64

中国版本图书馆CIP数据核字(2016)第115424号

## 版权声明

## 免责声明

本书内容旨在为大众提供有用的信息。所有材料（包括文本、图形和图像）仅供参考，不能用于对特定疾病或症状的医疗诊断、建议或治疗。所有读者在针对任何一般性或特定的健康问题开始某项锻炼之前，均应向专业的医疗保健机构或医生进行咨询。作者和出版商都已尽可能确保本书技术上的准确性以及合理性，且并不特别推崇任何治疗方法、方案、建议或本书中的其他信息，并特别声明，不会承担由于使用本出版物中的材料而遭受的任何损伤所直接或间接产生的与个人或团体相关的一切责任、损失或风险。

## 内 容 提 要

　　本书由 NBA2009 年度队医和入选美国体能教练名人堂的两位医疗和物理治疗专家联合创作。本书通过全彩专业人体肌肉解剖图图解了 88 个最有效的篮球运动练习，每个练习都包含步骤说明和与篮球运动紧密结合的训练提示。通过学习这些动作，不仅可以了解骨骼、器官、肌肉、韧带和肌腱带动人体运动的原理，还能够提高身体素质、改善跳跃技能、提高加速度、更快起步，从而获得最佳运动表现。除了运动练习，本书还带领读者探索脚踝、膝盖和肩部等最常见伤病的解剖学原理，并教授了最大限度地减少损伤，以及从损伤中康复的方法。本书通过专业的运动练习和康复练习，帮助读者了解如何才能最大限度地在球场上发挥爆发力、力量、敏捷性和速度，无论是运动员、教练员，还是体能训练员都能从中获取宝贵的知识和经验。

◆ 著　　　　［美］布莱恩·科尔（Brian Cole）
　　　　　　　　　罗布·帕纳列洛（Rob Panariello）

　译　　　　　张 明
　责任编辑　李 璇
　责任印制　周昇亮

◆ 人民邮电出版社出版发行　　北京市丰台区成寿寺路 11 号
　邮编　100164　电子邮件　315@ptpress.com.cn
　网址　http://www.ptpress.com.cn
　廊坊市印艺阁数字科技有限公司印刷

◆ 开本：700×1000　1/16
　印张：13　　　　　　　　　　2016 年 7 月第 1 版
　字数：237 千字　　　　　　　2025 年 11 月河北第 41 次印刷
　　　　著作权合同登记号　图字：01-2015-6173 号

定价：58.00 元
读者服务热线：(010)81055296　印装质量热线：(010)81055316
反盗版热线：(010)81055315

# 目  录

# 序　言

## 德里克·罗斯（Derrick Rose）

**首**先我想说，能为布莱恩·科尔博士和罗布·帕纳列洛这本里程碑式的图书作序，我感到非常荣幸。我坚信本书的内容对我目前的职业成就产生了重大影响。我也确信它会对该运动中未来的运动员、教练和训练员带来类似的影响。

篮球运动始终是我生命中的重要部分。我在芝加哥长大，在此过程中，该运动使我得以避开街道——这种可能给年轻男女带来负面影响的生活方式。我非常感激兄弟们在小时候教会我打篮球，这让我为高中时的成功奠定了基础。在西蒙学院，我非常幸运地获得了更大的成功。我每天的勤奋和奉献帮助我吸引了美国一些顶级学院篮球专业人员的注意，最终使我得以进入孟菲斯大学，我在那里有机会参加了一次美国全国大学体育协会（NCAA）全国锦标赛。好运一直眷顾着我，因为在宣布参加 2008 年 NBA 选秀后，我成为家乡的芝加哥公牛队的第一选择，并在头几年迅速取得了成功。

为什么我要讲这些？相信我，我不是要借此吹嘘我个人的荣誉。在我遇到第一个重大挫折之前（一次严重的膝盖受伤），我的事业发展得非常顺利。2012 年，在参加第一次 NBA 季后赛期间，我遇到了前交叉韧带（ACL）撕裂问题。情况糟得不能再糟了，因为我没有足够的时间在下个赛季之前恢复健康，这意味着我不仅要忍受伤痛，还不得不看着我的队友在没有我的情况下战斗。在 2013–2014 赛季初返回赛场时，我开始找回运动状态并再次感到得心应手。然而在 11 月 22 日，不堪设想的情况发生了，我再次出现了导致赛季报销的伤病，这一次我的另一个膝盖的半月板撕裂。完整的职业生涯应该没有重大的伤病，而我在 3 年内就遇到了两次。

尽管我遭遇了这些伤病，而且耗费了我的职业生涯，但我非常幸运地得到了布莱恩·科尔博士及其团队的照料。他了解篮球运动及其对身体的需求。这些专业知识帮助我从两次毁灭性的伤病中恢复，而我现在已准备好用比以前更强壮的身体返回赛场。他和罗布·帕纳列洛在本书中介绍的练习方法，是让你的身体为篮球运动的独有动作做好准备所不可或缺的。他们甚至还介绍了与我在进行 ACL 手术后的恢复期间不得不忍受的大量相同创伤恢复训练相同的训练方法。你将学习如何成为更优秀、更强壮、更健康的运动员，以及避免运动中的常见伤病。重要的是：在训练篮球运动员、保持健康或帮助我们从伤病中恢复等方面，没有人比布莱恩·科尔博士和罗布·帕纳列洛做得更好。通过本书的学习，你会学到NBA运动员为了留在赛场上而不是坐在替补席上每天所做的相同练习，以及每种练习与篮球运动有何直接关联。我从未看到有哪本书能让你如此深入地了解该运动，并展示为什么训练——也就是训练带来的价值、好处和结果。本书是我的可靠资源，也是每位运动员、教练、训练员和球迷的案头必备！

# 前　言

作为将球投入用网做的篮子中这个游戏的创始人，奈史密斯（Naismith）博士无法想象他的游戏会发生如此巨大的演变。尽管篮球运动在过去 100 多年中发生了很多改变，但该运动的精神和原理仍然未变。

从操场到职业比赛场地，篮球运动比以往更加流行。每年 3 月，美国的球迷都会观看一个新的全国大学比赛冠军被加冕。而在春季之后，所有的目光都聚集在全球最优秀的篮球运动员身上，等待一个新的 NBA 冠军诞生。

篮球运动要不断取得成功，需要各种不同的身体素质。力量、爆发力和弹性能够使你证明你具有最佳的运动能力。你在该运动中付出的时间和精力越多，运动表现就会越好，可以更好地预防和管控伤病，在必要时从受伤中尽快恢复的能力也会改善。

本书的第 1 章介绍了参加篮球运动所必需的身体素质，以及这些身体素质与最佳运动表现有何关系。第 2 章到第 7 章包含详细的练习方法，并配有彩色解剖结构图来帮助你掌握技能，比如获得有利的位置，改善跳跃技能，更快地起步，以及提高加速度。第 8 章介绍踝关节扭伤、膝关节肌腱炎和肩部疾病的康复。第 9 章介绍预防 ACL 和肩部受伤的方法。第 10 章介绍如何设计最佳的训练计划，这种系统的训练方法可帮助你预防过度训练，避免由于在举重健身房训练期间过度疲劳而常常导致的过劳创伤（下面的图例展示了如何区分图中的主要肌群和辅助肌群）。

主要肌群　　　　　辅助肌群

参加篮球运动的动机可能包括寻找简单的消遣乐趣，满足对比赛的渴望，获取大学奖学金，甚至是获得职业排名。本书包含了多年来让许多篮球运动员获得成功的关键因素，这些关键因素都基于权威的文献和实战经验。通过分享这些信息，我们希望能增强你的体能，帮助你始终坚守在赛场上并获得健康的职业生涯。

# 致谢

我们感谢以下人士在帮助我们完成本书方面所做出的努力和贡献。

蒂莫西·斯顿普（Timothy J. Stump），理学硕士，PT，CSCS，认证物理治疗师和美国国家体能协会（NSCA）认证的力量和健身训练专家。他拥有运动生理学专业理学硕士学位，是美国举重协会认证的俱乐部教练和运动进行教练。蒂莫西的物理治疗职业生涯始于 1992 年，他效力于美国特种外科医院，然后在 2000 年作为合伙人与罗布·帕纳列洛开设了专业骨科和运动物理治疗私人诊所。

迪安·麦达朗（Dean Maddalone）PTA，CSCS，NSCA 认证的力量和健身训练专家，美国举重协会（USAW）举重教练，还是拥有纽约州执照的助理物理治疗师。他目前是纽约州加登城职业运动能力中心的运动进行主任。迪安从事门诊运动医疗已有 20 多年，为许多高中、大学及职业篮球和棒球运动员进行过能力训练和康复训练。

杰西卡·帕帕莱拉（Jessica Paparella）DPT，PT，纽约州加登城职业骨科和运动物理治疗中心的物理治疗师兼医疗主任。杰西卡 2009 年毕业于石溪大学物理治疗专业。她以前是一位大学垒球运动员，对运动物理治疗和脑震荡处理领域特别感兴趣，还参加过包括美国国家冰球联盟（NHL）和美国职业棒球大联盟（MLB）在内的所有级别比赛的运动员护理工作。

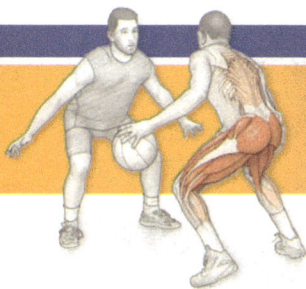

# 第 1 章

# 篮球运动员实战训练

与任何其他体育运动一样，参加篮球运动要求运动员充分利用所有相关的身体素质，确保每次都能够发挥出最佳运动表现。篮球运动员必须能够跑、跳、加速、减速和改变方向。成功完成这些体力活动的一个共同方式是借力于地面；换句话说，你必须在最短的时间内向地面施加最大的力量。牛顿第三运动定律表明，每种动作都存在着一个相等的反作用力。因此，你对地面施加的力越大，那么地面对你施加的反作用力就越大。优秀的运动员会在最短的时间内向地面施加最大的力。要想快速地向地面施加较大的力量，必须按特定的顺序增强特定的身体素质。

## 技能与运动素质

讨论如何提高运动的表现时，常常很难区分运动素质水平与技能水平。讨论体能训练过程时，教练和运动员都需要熟悉它们的区别。

篮球运动中一种特有的技能是跳投，这是比赛期间一个重要的攻击性武器和关键的得分手段。篮球运动素质包括跳高能力。尽管跳投技能与跳高运动素质相关，但它们也有不同。虽然可通过训练增加纵跳的高度，但这并不能保证会改善跳投的准确性。要成为更优秀的跳投球员，就必须练习跳投技能。跳高能力（运动素质）可帮助你避开防守者伸开的双手，但对跳投的熟练掌握只有通过练习跳投来提高。

通过训练来提高篮球运动的必备身体素质时，你是在努力提高运动素质。进行实际练习和参加篮球运动可提高篮球技能。不断反复地进行篮球技能练习会促进你增强体能。

## 篮球运动员的身体素质

无论何种体育运动，实现高水平的运动表现所必需的身体素质都包括力量、爆发力、弹性（反应力）和速度。要让每种身体素质得到最大的提升，离不开前一种身体素质的最理想提升。前旧金山 49 人队和芝加哥公牛队名人堂的力量和健身教练艾尔·费尔迈尔（Al Vermeil）建立了体育发展分层结构（如图 1.1 所示）。

# 身体适应和训练

体育训练计划的一个组成部分是施加适当程度的压力，这对适应（改善）而言至关重要。身体的这种适应是提升各种身体素质来为比赛做好准备的关键。

训练以及适应过程的基本模型，源自汉斯·谢耶（Hans Selye）于 1936 年最初概述并于 1956 完善的全身适应综合征（GAS）。该基本模型概念在文献中也称为超量补偿期。这种压力响应模型（如图 1.2 所示）始于一个用作训练刺激（施加压力）的警觉期，这会导致身体内的平衡被破坏。

身体在抗拒期响应这种刺激，恢复并修复自身，同时促进向着体内平衡基准进行恢复。抗拒期之后是超量补偿期，身体在此期间适应最初施加的刺激，回到之前的体内平衡基准，以更好地管理最初施加的破坏性压力，防止其再次出现。

如果不当地施加压力性刺激，比如太快施加太大的压力或施加的压力水平不足，在疲惫（停训）期之后，身体的最初水平会下降到体内平衡水平之下。熟悉谢耶提出的全身适应综合征会有好处。请参阅他的著作 *The Stress of Life*（1956 年）。

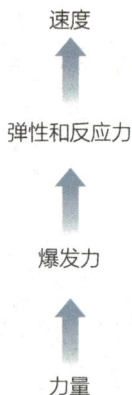

**图 1.1** 体育发展分层结构
修改自艾尔·费尔迈尔创建的图解。已获得使用许可

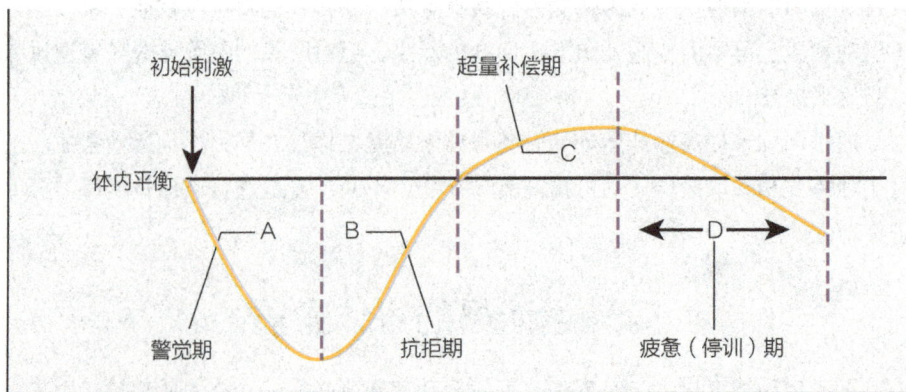

**图 1.2** 全身适应综合征

基于这个 GAS 模型，很容易理解不寻常的压力（举重、跳高、快跑）对适应和改善身体素质的必要性。根据这些原则，可以假设你需要某种程度的压力来破坏体内平衡，这样才能发生适应（产生训练效果）。如果在训练期间施加的压力太小，产生的身体适应（如果有）就会很小，导致浪费宝贵的训练时间。出于此原因，你应该评估体能缺陷、身体需求和目标，以便设计和实施合适的体能训练计划。

# 力量

在艾尔·费尔迈尔的体育发展分层结构中，力量是所有其他素质的起源。两名对抗运动员的运动素质和技能水平相当时，更强壮的运动员通常会获胜。

力量是肌肉产生最大力的能力，这可通过逐步地融入更高的训练强度水平（要举起的质量）来提升。因为更高的训练强度对身体的要求更高，所以力量训练的一个独特要素是对完成练习没有时间要求。以更慢的速度举起更重的质量；在举起更轻的质量时采用更快的练习节奏。常用来增强身体力量素质的练习将在第 2 章到第 5 章中介绍。

对于篮球运动，力量素质对身体的软组织（肌肉、韧带和肌腱）（根据戴维斯定律）以及身体的骨性结构（骨头）（根据沃尔夫定律）都很重要。这些解剖结构的素质提高对篮球运动很重要，因为肌肉或肌群输出的力越大，对地面施加的力也就更大。这将提高加速、快跑和跳高的能力。更强壮的软组织和更坚固的骨头，也有助于提高加速和改变方向的能力，并可在练习和比赛中防止受伤。

更高的力量水平还会改善肌肉和关节僵硬度。不要将这种改善与人体解剖学关节的运动能力丧失和柔韧性丧失相混淆。一定程度的肌肉和关节僵硬度对在跑动、跳跃和其他篮球活动中保持最优的姿势很有必要。例如，抢下篮板球后着地并立即跳起再投篮时，你不希望身体弯曲。脚踝、膝盖、髋部和躯干在着地时屈曲程度越高，你在地面上花的时间就越长，在下次投篮前留给防守方回防的时间就越多。更高的肌肉和关节僵硬度可减少解剖学关节在着地时的屈曲和弯曲量，使停留在地面的时间更短，对地面施加的力更大，再次投篮时也会跳得更高。

# 爆发力

篮球运动是一种跳跃、加速、减速和快节奏的比赛。所有这些运动都需要很快的移动速度。如果移动缓慢，在比赛时就不会获得成功。

尽管身体的力量素质是运动表现的基础，但在进行力量训练时，更高的训练强度会导致训练期间动作缓慢。尽管在运动期间对发力没有时间限制，但爆发力确实包含了一个会影响运动表现结果的时间因素。爆发力涉及在以更高速度进行这些类型的运动时，非常快地释放可用的力量（肌力）。这些运动更多地依赖于肌肉的发力速度（RFD）。

RFD决定了一块肌肉在非常短的时间内产生的力量。在体育比赛中，可用于产生此力的时间非常短，通常为200到300毫秒。想想一位篮球运动员一开始就冲到篮下并击败对手，或者展示更高速度的跳跃，这些运动员的肌肉是低速触发的还是高速触发的？图1.3以时间作为肌力产生能力的因素对比了两位运动员。运动员A（红线）比更具爆发性的运动员B（黄线）更强壮。尽管更强壮的运动员（红线）在一段时间（500毫秒）内产生了更大的肌力，但他在更短的时间（200毫秒处的虚线）内产生的力更小。

力量训练推动了RFD的初步改善并为其打好基础，而其他成熟的方法可增强爆发力。这些训练方法将在第6章和第7章讨论。

## 弹性和反应力

在参加体育运动前预拉伸一条肌腱，会实现更有力和更具爆发性的肌肉向心（缩短）收缩。例如，将右手平放在桌面上，尽可能高地主动抬起食指，然后用最大的力量敲打桌面。使用左手食指尽可能远地牵引右手食指，但要注意安全，

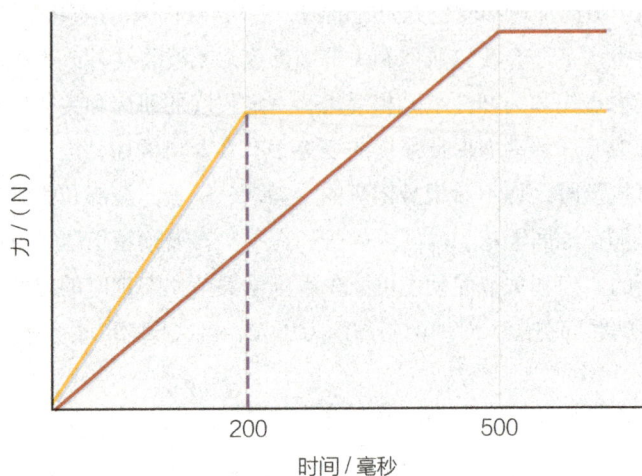

图1.3 两位运动员的发力速度对比

避免受伤。放开右手食指并尽可能用力地敲打桌面。你是否在冲击力造成的声音中听出了差别？这两种主动尝试的区别在于，在第二次尝试中，右手食指的肌腱和肌肉在敲打桌面前被预拉伸，导致冲击更有力。在进行肌肉向心收缩之前让肌肉和肌腱处于预拉伸位置，会产生更有力的肌肉向心收缩。这就是运动员在练习体育技能之前将身体置于预拉伸位置的原因。他们在跳跃前快速且轻微地下蹲，在投掷前挥舞手臂，在脚踢物体前朝后抬腿。

这种预拉伸现象源于肌肉和肌腱的拉伸缩短周期（SSC）。SSC 描述了在发起爆发性肌肉向心（缩短）收缩之前的一种肌肉离心（拉长）收缩（拉伸）。SSC 与肌肉增强训练同义，将在第 7 章详细讨论。

# 速度

讨论运动员的速度时，通常讲的是奥林匹克运动会 100 米短跑运动员或在场上跑动的足球运动员所展示的最高速度。这些运动员在更大（与 28 米 × 15 米的篮球场相比）的赛场上运动，所以他们能够达到最高速度。由于篮球场比赛区域有限，还有防守对手的对抗，所以速度是一种在篮球比赛中很少展现出来的身体素质，因此本书不会着重介绍。

# 小结

不仅本书中介绍的身体素质对球员在篮球比赛中有最出色的表现很重要，而且每种身体素质的发展顺序也很重要。第 10 章是关于篮球训练的一些指导意见。适当的训练有助于预防伤病，但有时仍会发生受伤情况。第 8 章将介绍伤病的康复和返回赛场，第 9 章将介绍伤病的预防。

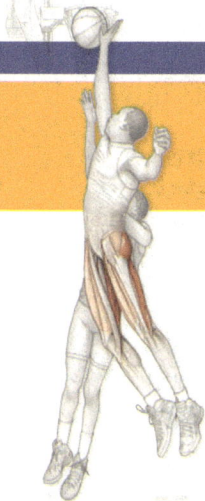

# 腿：发起运动的部位

**绝**大部分（很可能是全部）体育运动都是通过向地面施加力来开始运动的，篮球运动也不例外。全球的精英运动员都会在最短的时间内向地面施加最大的力。下肢力量是施加力来实现最佳运动表现的一个关键身体要素（如图2.1所示）。在纵跳后着地或急转向前减速等情形中，力量对从初始力输出中恢复也很重要。你必须以很快的速度跑、跳、加速、减速和急转向，因为这些任务都由下肢发起且依赖于下肢力量。腿被视为所有篮球技能提升的基础，因此你应该知道下肢力量对体育运动有多重要。

回想艾尔·费尔迈尔的体育发展分层结构，力量是所有其他身体素质发展的基础。考虑篮球运动员的力量发展时，请记住我们不是在谈论举重运动员、力量举重运动员或健美运动员的力量水平，因为这些运动员是为了他们的特定比赛目标而加强力量的。在篮球训练中，你的目标不是成为举重运动员，而是使用力量训练增强身体素质，以期改善运动素质和表现。

力量是肌肉功能、肌肉增大和力输出，以及骨密度及肌腱和韧带稳定性增强的基础。在篮球运动中，这些解剖结构必须抵抗所产生的身体压力。增强腿部的软组织和骨结构的力量，可以为你的防护层提供支撑，并帮助预防受伤。在篮球运动中，最常见的下肢损伤发生在软组织（肌肉、肌腱和韧带）及关节上。你必须发出很大的力来跑、跳和急转向，以及恢复。换句话说，在改变方向和纵跳后安全着地前，你必须产生与推动身体的力相反的力。如果无法减缓这些力，就很可能受伤。在比赛期间，这些力量输出和制动力会在更长时间内反复出现。

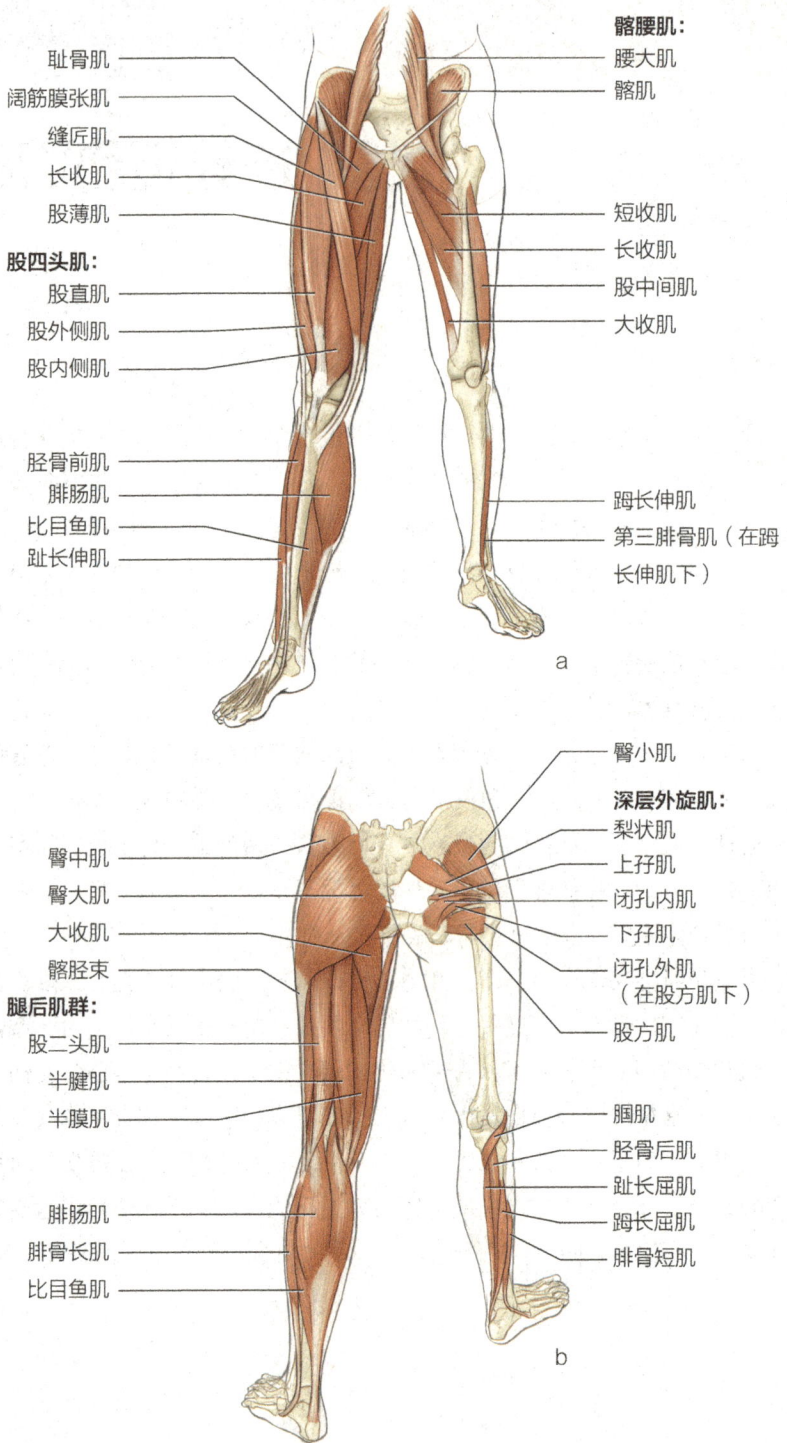

耻骨肌
阔筋膜张肌
缝匠肌
长收肌
股薄肌

**股四头肌：**
股直肌
股外侧肌
股内侧肌

胫骨前肌
腓肠肌
比目鱼肌
趾长伸肌

**髂腰肌：**
腰大肌
髂肌

短收肌
长收肌
股中间肌
大收肌

踇长伸肌
第三腓骨肌（在踇长伸肌下）

a

臀小肌

**深层外旋肌：**
梨状肌
上孖肌
闭孔内肌
下孖肌
闭孔外肌（在股方肌下）
股方肌

臀中肌
臀大肌
大收肌
髂胫束

**腿后肌群：**
股二头肌
半腱肌
半膜肌

腓肠肌
腓骨长肌
比目鱼肌

腘肌
胫骨后肌
趾长屈肌
踇长屈肌
腓骨短肌

b

**图 2.1** 下肢肌肉：（a）前面；（b）后面

　　无力的肌肉和软组织结构很容易疲劳，最终要更依赖关节结构来帮助吸收高能量的力。尽管关节能够吸收篮球运动中产生的一些力，但它们没有能力反复不断地吸收这些力中的大部分。结果就会导致受伤。受伤的运动员需要恢复，在此期间他们不应参加比赛。强化下肢肌肉不仅有助于增强运动能力，还能使你反复不断地展现这些能力且防止受伤。为了保证获得适当的技能，请首先以质量较轻的器材完成本章中介绍的力量训练，然后再增加质量。

　　以下是本章中介绍的力量训练：

　　后蹲

　　前蹲

　　硬拉

　　罗马尼亚硬拉（RDL）

　　送髋

　　后跨步

　　在箱上向后下方跨步

　　借助带子的后退步

　　借助带子的横向走

　　小腿弹跳

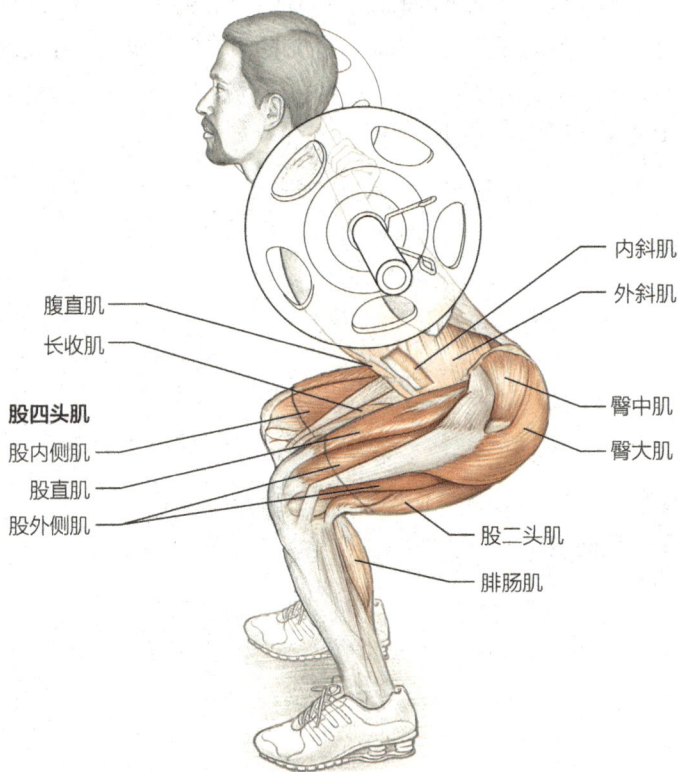

腹直肌
长收肌

**股四头肌**
股内侧肌
股直肌
股外侧肌

内斜肌
外斜肌
臀中肌
臀大肌
股二头肌
腓肠肌

## 训练步骤

1. 站立，将一个杠铃放在颈后斜方肌上方，将质量均匀地分散在两肩上。双脚比肩稍宽且朝外旋转约 15 度。

2. 背部尽可能打直，通过弯曲髋部和膝盖而缓慢下蹲，直到大腿稍低于与地面的平行线。在下蹲期间，保持双肘向下且与躯干平行。躯干会稍微弯曲，以将杠铃保持在支撑面上。躯干应在骨盆处弯曲，同时保持脊柱位于正中。

3. 在到达练习的底部位置时不要弹起，要通过伸展髋部和膝盖来改变方向，上升至开始的位置。

## 涉及的肌肉

**主要肌群：** 臀大肌、臀中肌、腿后肌群（半腱肌、半膜肌、股二头肌）、股四头肌（股直肌、股外侧肌、股内侧肌、股中间肌）

**辅助肌群：** 竖脊肌（髂肋肌、最长肌、棘肌）、腹直肌、外斜肌、内斜肌、长收肌、短收肌、腓肠肌

### 篮球训练要点讲解

长期以来，下蹲都被力量和健身训练专家视为最重要的练习。此练习可增强腿部、髋部、腰背部和腹部的肌肉组织力量。这些肌群力量的增强，使你能够向地面施加最大的力，从而提升加速和跳跃能力。对于进行抢位挡人，准备接球和抢篮板球时的攻击或防御性站位，下肢力量的增强还会提供额外的稳定性。

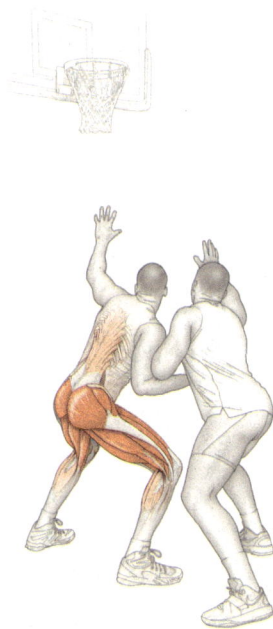

开始位置

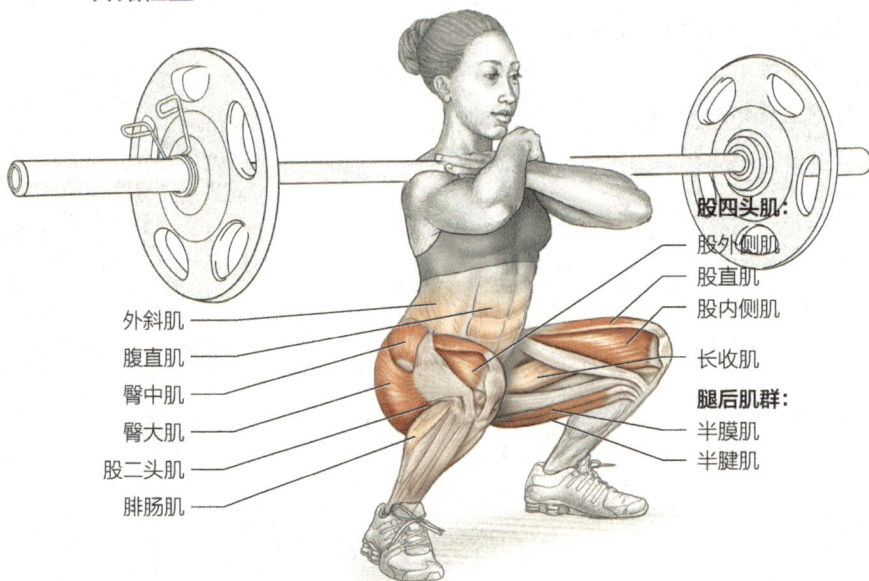

股四头肌:
股外侧肌
股直肌
股内侧肌
长收肌
腿后肌群:
半膜肌
半腱肌

外斜肌
腹直肌
臀中肌
臀大肌
股二头肌
腓肠肌

## 训练步骤

1. 站立，将杠铃放在颈前的三角肌上，将质量均匀地分散在两肩上。推荐采用两种握法。第一种是奥林匹克式握法。手指握住杠铃杆，肘部抬升至与地面平行。此握法要求腕部很柔韧。在奥林匹克式力量练习中，使用此握法握住杠铃杆。第二种也是更容易的一种握杠铃的方式是交叉握法。手掌朝下，右手握住左侧三角肌处的杠铃杆，左手握住右侧三角肌上的杠铃杆。在练习期间，肘部保持抬高至与肩等高。

2. 与在后蹲中一样，背部尽可能打直，同时通过弯曲髋部和膝盖而缓慢下蹲，直到大腿稍低于与地面的平行线。在下蹲期间，保持肘部抬高至与肩膀在同一个平面上。

3. 到达练习的底部位置时不要弹起，要通过伸展髋部和膝盖来改变方向，上升至开始位置。

## 涉及的肌肉

**主要肌群：**臀大肌、臀中肌、腿后肌群（半腱肌、半膜肌、股二头肌）、股四头肌（股直肌、股外侧肌、股内侧肌、股中间肌）

**辅助肌群：**竖脊肌（髂肋肌、最长肌、棘肌）、腹直肌、外斜肌、内斜肌、长收肌、短收肌、腓肠肌

### 篮球训练要点讲解

由于杠铃放在身体的前侧，所以前蹲在进行过程中允许更加挺直身体。这种挺直的体位对腰部肌肉施加的压力更小，对股四头肌的作用比后蹲练习更大。一般而言，与后蹲相比，进行前蹲时的质量轻约 20%。

像后蹲一样，前蹲是一种重要的篮球相关练习。它可增强腰部、髋部和下肢的力量，以实现最佳力量输出和减速，这对比赛期间的加速和急转向非常重要。能否阻挡对手冲向篮筐，将依赖于你加速、减速和改变方向的能力。

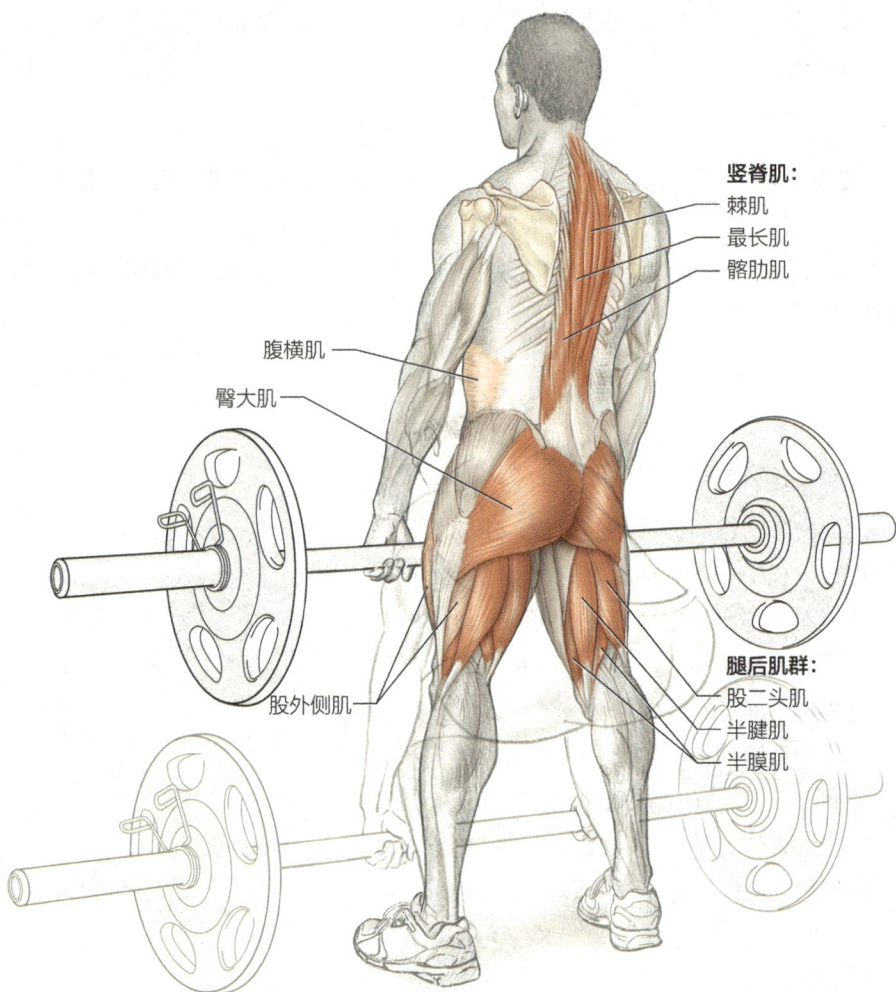

竖脊肌：
棘肌
最长肌
髂肋肌

腹横肌

臀大肌

股外侧肌

腿后肌群：
股二头肌
半腱肌
半膜肌

### 训练步骤

1. 站在地上的杠铃前，杠铃杆位于双脚中部上方。双脚间距比肩稍窄，以在进行期间给双臂留出空间。

2. 握住杠铃，双臂伸直且垂直于地面，肩膀比杠铃杆稍高，双手放在双腿外侧。采用反握法（一个手掌朝下、另一个手掌朝上的方式）握住杠铃杆。

3. 缓慢地弯曲髋部和膝盖，同时保持背部挺直，下弯身体，直到小腿接触到仍在双脚中部位置的杠铃杆。抬高肩膀以伸直手臂，头部与位于正中的脊柱保持在一条线上。

4. 缓慢地伸展髋部和膝盖，肩部与髋部同时抬高，以从地面提起杠铃杆。保持手臂和背部打直；不要让背部弯曲。将杠铃保持在离身体很近的位置，直到站直。

5. 缓慢地屈曲髋部，然后屈曲膝盖，以将杠铃杆放回地面。控制杠铃杆，直到其接触地面。

## 涉及的肌肉

**主要肌群：**臀大肌、竖脊肌（髂肋肌、最长肌、棘肌）、腿后肌群（半腱肌、半膜肌、股二头肌）

**辅助肌群：**腹直肌、腹横肌、股四头肌（股直肌、股外侧肌、股内侧肌、股中间肌）、髂腰肌

### 篮球训练要点讲解

与后蹲和前蹲一样，硬拉是一种多关节练习，你可以利用最合适的质量来练习。此练习会增强腰背部、髋部和下肢的力量。这些肌群对力量输出、增强加速能力和跳跃很重要，而这些是成功带球上篮所必备的。此练习可增强加速和急转向能力，改善你的支撑基础，这有助于在抢位挡人、接球、抢篮板球和在篮下运动时实现最佳的稳定性状态。

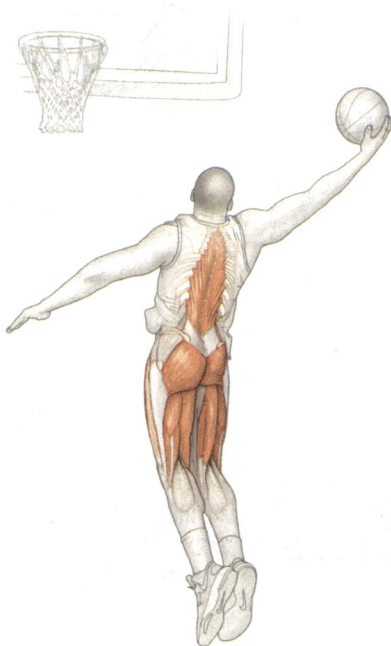

# 罗马尼亚硬拉（RDL）

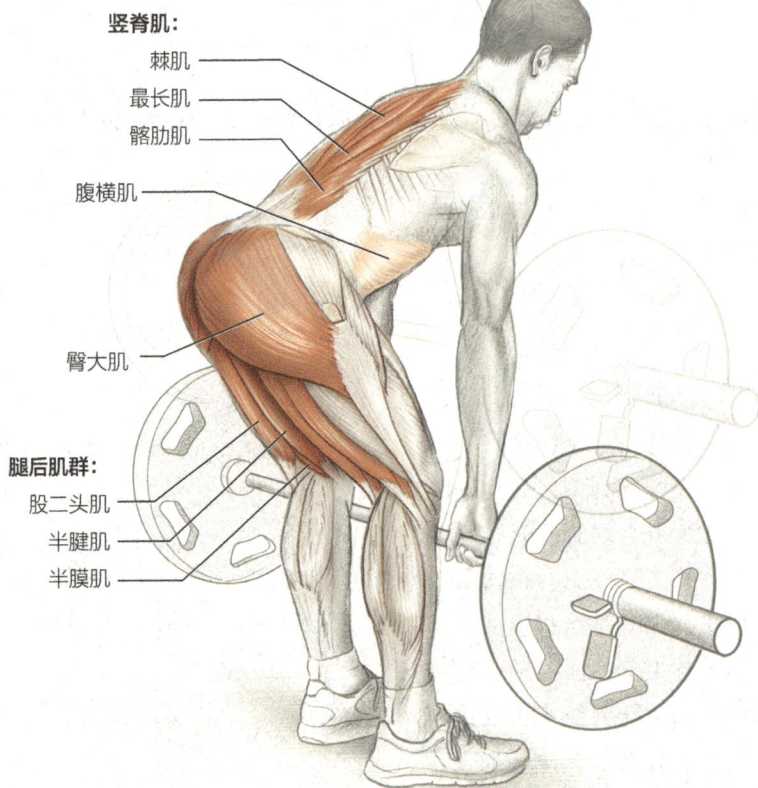

竖脊肌：
棘肌
最长肌
髂肋肌

腹横肌

臀大肌

腿后肌群：
股二头肌
半腱肌
半膜肌

**安全提示** ▶ 将 RDL 限制到膝盖高度，直到掌握了合适的技巧和增强了腿后肌群的柔韧性。

## 训练步骤

1. 不同于硬拉，RDL 不是从地面开始，而是从上往下进行。站立，双臂伸直，用正手握法（手掌朝下）握住杠铃杆。双脚大约与髋部同宽，脚趾朝前或稍微朝外（最多旋转 15 度）。杠铃杆应接触大腿。缓慢地屈曲膝盖 20 度或 30 度。

2. 保持腰背部（脊柱）和膝盖固定在这个稍微屈曲的位置，通过后伸髋部来朝大腿方向缓慢降低杠铃杆，将髋部当作一个铰链，同时允许躯干降低。通过后伸髋部来降低杠铃杆时，不要弯曲背部或肩部，不要通过前屈腰部来降低杠铃杆。

3. 在髋部前伸时保持肩部、膝盖和腰背部固定，直到站直，将杠铃杆放回到开始位置。

## 涉及的肌肉

**主要肌群：**臀大肌、腿后肌群（半腱肌、半膜肌、股二头肌）、竖脊肌（髂肋肌、最长肌、棘肌）

**辅助肌群：**腹直肌、腹横肌、髂腰肌

### 篮球训练要点讲解

像其他下肢力量练习一样，RDL 可增强跑、跳、减速、急转向和保持适当的大腿前后力量比时的力输出，帮助防止肌肉劳损和韧带损伤。通过增加腰背部和髋部的力量，在篮球场上跑动时，能为防守对手时确立防御性位置和反应动作做好更充分的准备。

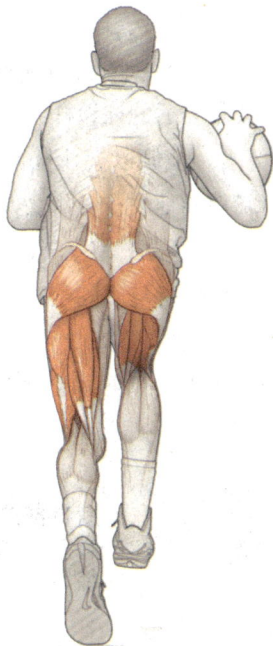

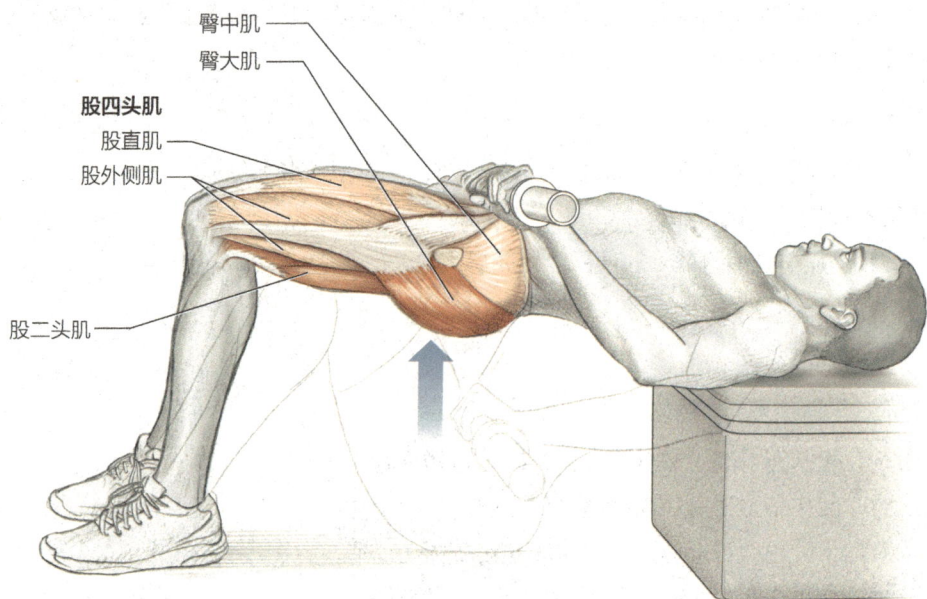

# 送髋

臀中肌
臀大肌
**股四头肌**
股直肌
股外侧肌
股二头肌

## 训练步骤

1. 坐在地上，双腿伸展。上背部靠在一个牢固且填塞有软物的长凳或箱子上。将质量合适的杠铃杆放在小腿上。

2. 前倾以握住杠铃杆，如果杠铃片的大小允许，沿大腿朝髋部滚动杠铃。杠铃对称地放在骨盆上方的髋部褶皱处。

3. 后倾，将上背部和肩膀适当地放在经过填充的长凳上。朝臀部滑动双脚，让它们保持与肩同宽，保持膝盖屈曲 90 度，让胫骨处于垂直位置。

4. 伸展髋部，使用臀肌将杠铃杆抬离地面，同时保持脊柱和髋部处于正中位置（不要过度弓起背部）。抬起杠铃杆的伸展运动必须在髋部进行，而不是腰背部。

> **安全提示** ▷ 肩背部应在经过填充的长凳上具有牢固的支撑。颈椎（颈部）在练习期间不应是主要的支撑点。

## 涉及的肌肉

**主要肌群：** 臀大肌、腿后肌群（半腱肌、半膜肌、股二头肌）、大收肌

**辅助肌群：** 臀中肌、臀小肌、竖脊肌（髂肋肌、最长肌、棘肌）、股四头肌（股直肌、股外侧肌、股内侧肌、股中间肌）

### 篮球训练要点讲解

臀肌对改善水平和垂直方向的身体推力有巨大影响，而后者是加速通过对手和跳得高过对手的必备条件。这些肌肉也是安全且高效地着地的关键，也有助于你通过增强的加速和急转向能力摆脱对手。

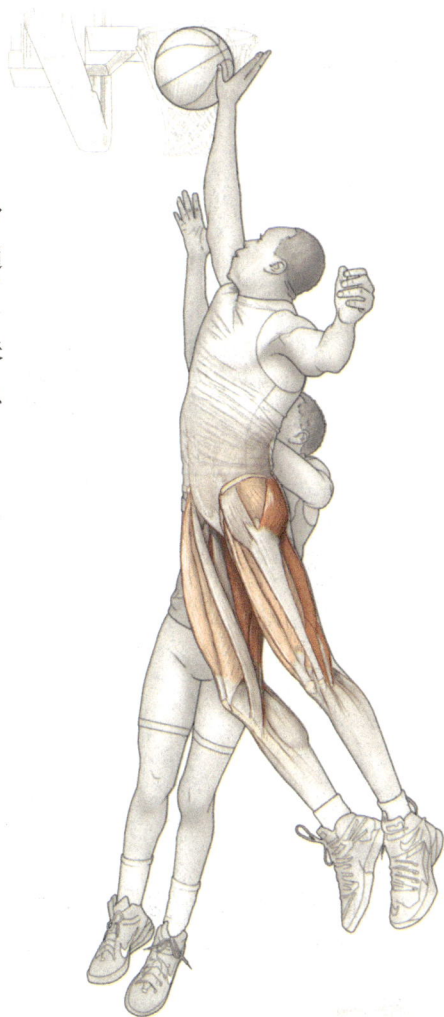

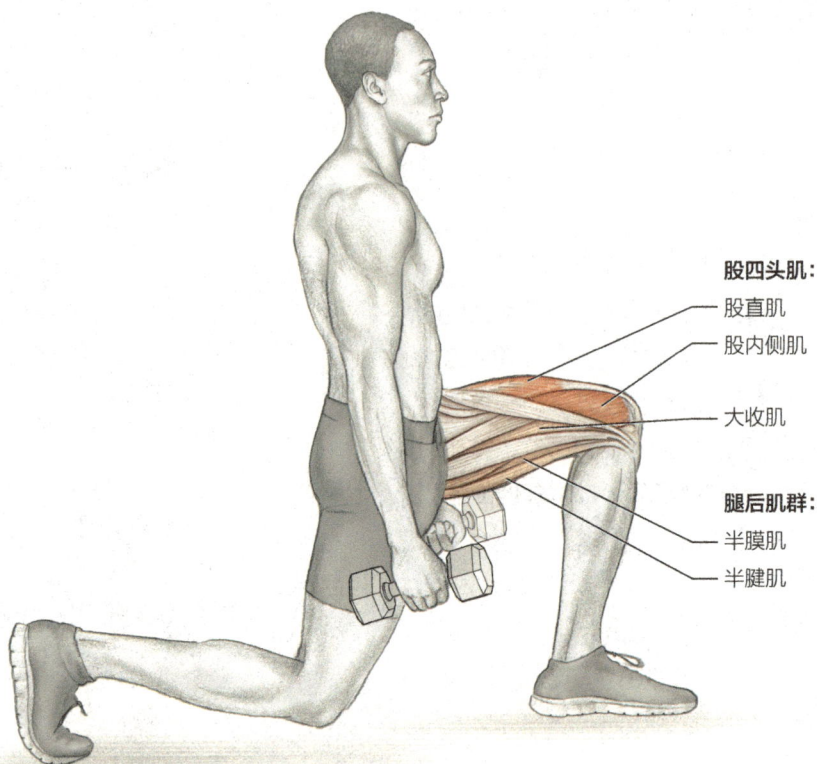

**股四头肌：**
股直肌
股内侧肌
大收肌

**腿后肌群：**
半膜肌
半腱肌

## 训练步骤

1. 你可单独进行后跨步，或者作为在箱上向后下方跨步的先导练习。站立，双脚与肩同宽。可将双手放在髋部，或者如果想要更大的阻力，可以每只手握住一个哑铃。

2. 右腿朝后跨步，通过弯曲髋部和膝盖来朝地面降低身体，同时保持直立姿势且左（前）腿胫骨垂直。下降到左腿在髋部和膝盖处弯曲90度时为止。

3. 返回到开始位置。在右腿朝后完成所有重复性动作后，换左腿朝后来进行练习。

## 涉及的肌肉

**主要肌群：** 股四头肌（股直肌、股外侧肌、股内侧肌、股中间肌）、臀大肌、臀中肌

**辅助肌群：** 腿后肌群（半腱肌、半膜肌、股二头肌）、臀小肌、大收肌

### 篮球训练要点讲解

　　此练习可加强大腿和髋部肌肉，这有助于增强水平和垂直方向的身体推力，以及增强减速和改变方向来避开对手的能力。加速和跳跃离不开水平和垂直推力。增强的减速能力有助于你急转向和改变方向来避开对手。此练习也会改善平衡和本体感受能力。这些素质不仅有助于在跑、急转向和跳时将下肢放在适当的位置，还有助于避免受伤。

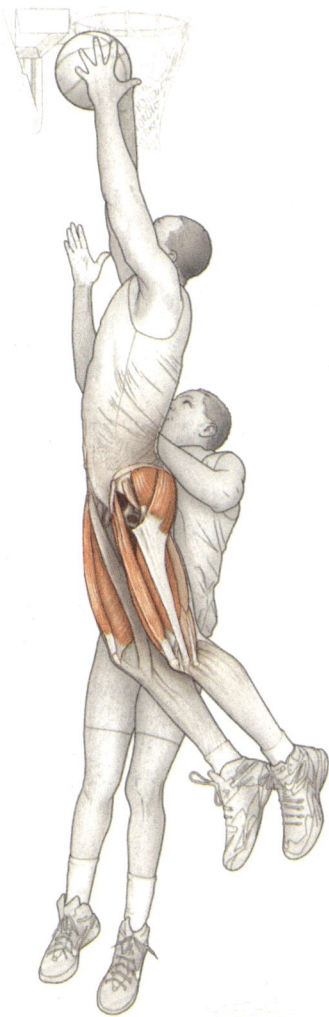

# 在箱上向后下方跨步

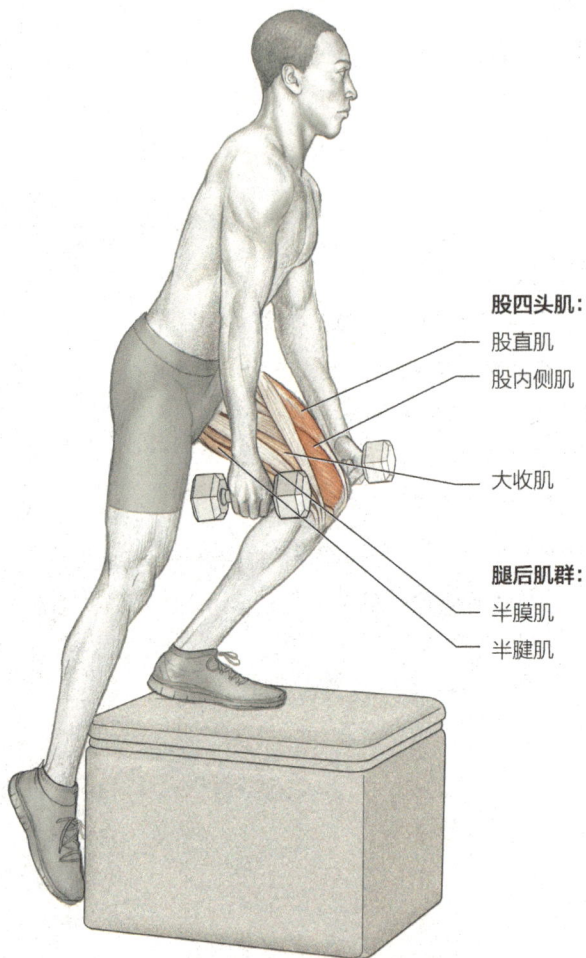

股四头肌：
股直肌
股内侧肌

大收肌

腿后肌群：
半膜肌
半腱肌

**安全提示** 在练习期间，一定要保持对膝盖的神经肌肉的控制；不要让膝盖内扭或外扭。

## 训练步骤

1. 手握哑铃站立，双脚平稳地站在牢固的 12~24 英寸（30~60 厘米）的箱子上。箱子的高度依据于你的力量而定。

2. 保持左腿在箱子上，右腿缓慢地朝箱后跨步，足底朝地面屈曲（指向地面）。通过弯曲左侧髋部和膝盖，缓慢地朝地面降低身体，躯干尽可能保持笔直，同时保持脚尖朝向地面。

3. 在改变方向前，用右脚尖接触地面，但不要弹起。右脚尖接触地面时，同时伸展髋部和膝盖以返回到腿打直的开始位置。

4. 对同一条腿继续练习规定的次数，中途不休息。完成重复练习后，将右腿留在箱上，左腿朝箱后跨步，继续重复练习。

## 涉及的肌肉

**主要肌群：**股四头肌（股直肌、股外侧肌、股内侧肌、股中间肌）、臀大肌、臀中肌

**辅助肌群：**腿后肌群（半腱肌、半膜肌、股二头肌）、臀小肌、大收肌

### 篮球训练要点讲解

这种单腿力量练习对增强水平和垂直方向的身体推力都有帮助，而后者是带球上篮时跑过对手和跳得高过对手所必备的。此练习还对在急转向时从单腿位置减速、本体感受能力和身体整体控制有所帮助，在比赛中发生任何激烈接触时，这些能力很重要。

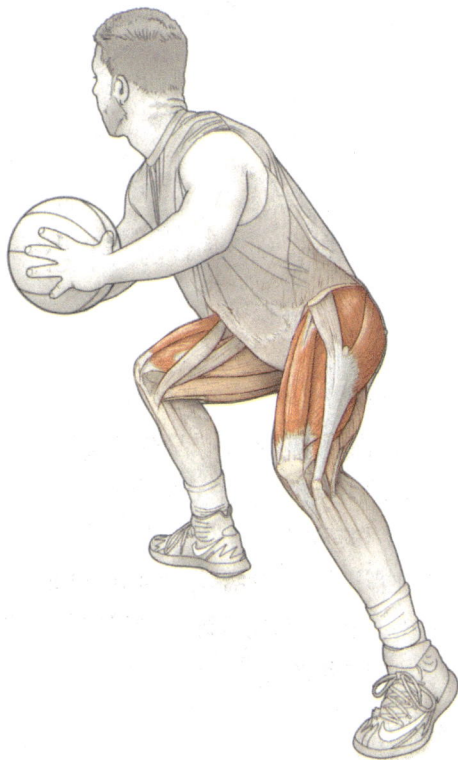

# 借助带子的后退步

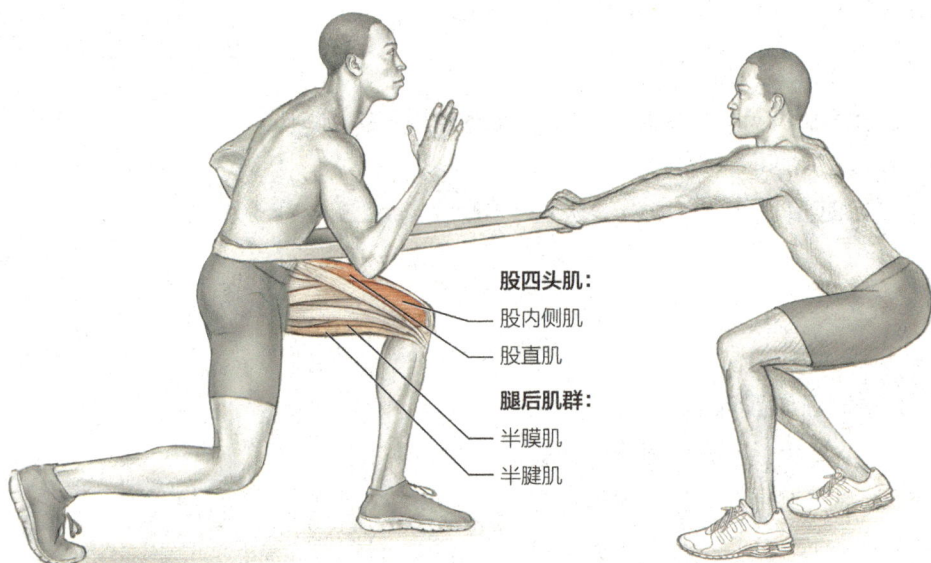

**股四头肌：**
股内侧肌
股直肌

**腿后肌群：**
半膜肌
半腱肌

## 训练步骤

1. 面对伙伴站立，呈微蹲姿势，双脚与肩同宽。在腰部绑一条很长的、承重力高的（橡胶）带子。伙伴握住带子的两端。

2. 保持正确的姿势，克服带子的人为阻力而向后行走规定的距离，该阻力由握住带子的伙伴控制。伙伴在施加阻力的同时随你一起行走。

3. 此练习从向后行走25码（23米）开始，逐步增加到向后行走50码（46米），最多进行5组练习。

## 涉及的肌肉

**主要肌群：** 股四头肌（股直肌、股外侧肌、股内侧肌、股中间肌）、臀大肌

**辅助肌群：** 腿后肌群（半腱肌、半膜肌、股二头肌）、臀中肌

## 篮球训练要点讲解

　　此练习可提升下肢和髋部的力量和耐力，以便重复实现最佳的力输出水平。股四头肌和髋部的力量对向地面施加力很重要，进而对提升加速度和跳跃能力很重要。这些肌群也在减速中发挥着积极的作用，减速对在尝试防御对手和跳起后着地时改变方向很重要。耐力也很重要，因为你必须在整场运动和比赛中展现这些运动能力。

# 借助带子的横向走

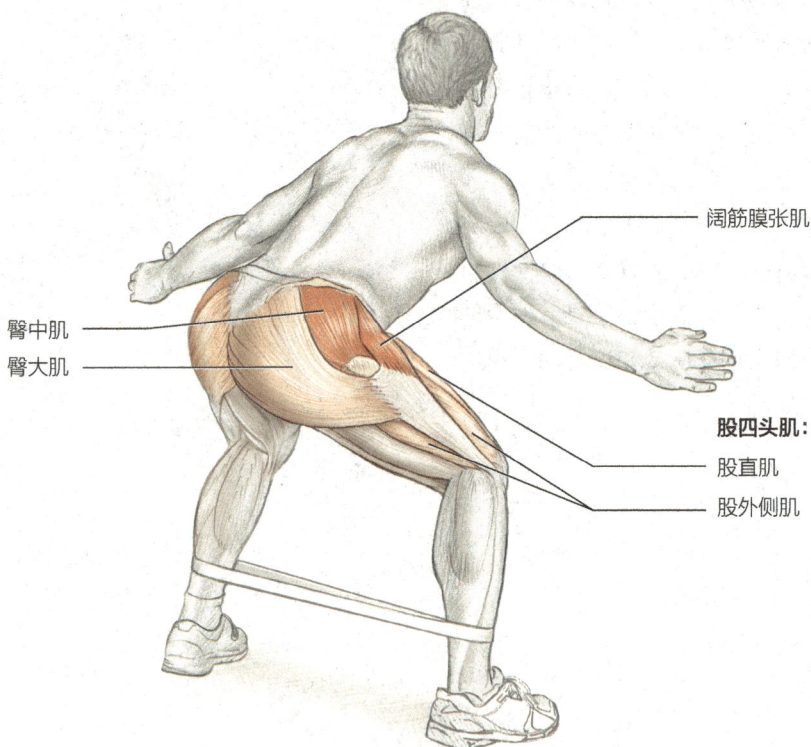

阔筋膜张肌

臀中肌

臀大肌

**股四头肌：**

股直肌

股外侧肌

## 训练步骤

1. 站立，呈微蹲姿势，双脚与肩同宽。两个脚踝穿过一条具有适当阻力的细带子。你可从最轻微的带子阻力开始，在能够完成需要的距离或重复次数后，进阶到下一个阻力水平。

2. 通过推动右脚来向左移步。不要通过左腿横向移动来向左移步。

3. 完成向左移步后，再通过推动右脚来向左移动另一步。在规定的距离上重复进行此练习。

4. 进行向右移步练习来返回到开始位置，通过推动左脚来移动每一步。开始练习时侧向行走25码（23米），逐渐进阶到50码（46米），最多进行5组练习。

## 涉及的肌肉

**主要肌群：**臀中肌、臀小肌、阔筋膜张肌

**辅助肌群：**臀大肌、股四头肌（股直肌、股外侧肌、股内侧肌、股中间肌）

### 篮球训练要点讲解

此练习可增加髋部和大腿的侧向力量，有助于在控球时快速改变方向。此能力将有助于突破防守，无论是在球场上占据位置还是冲到篮板下带球上篮，都是如此。

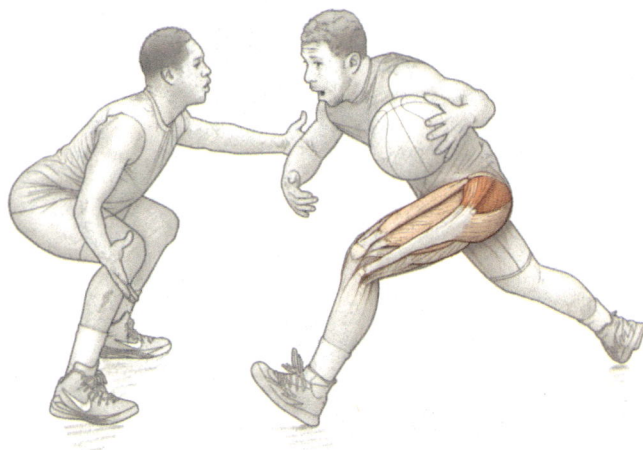

腿部力量

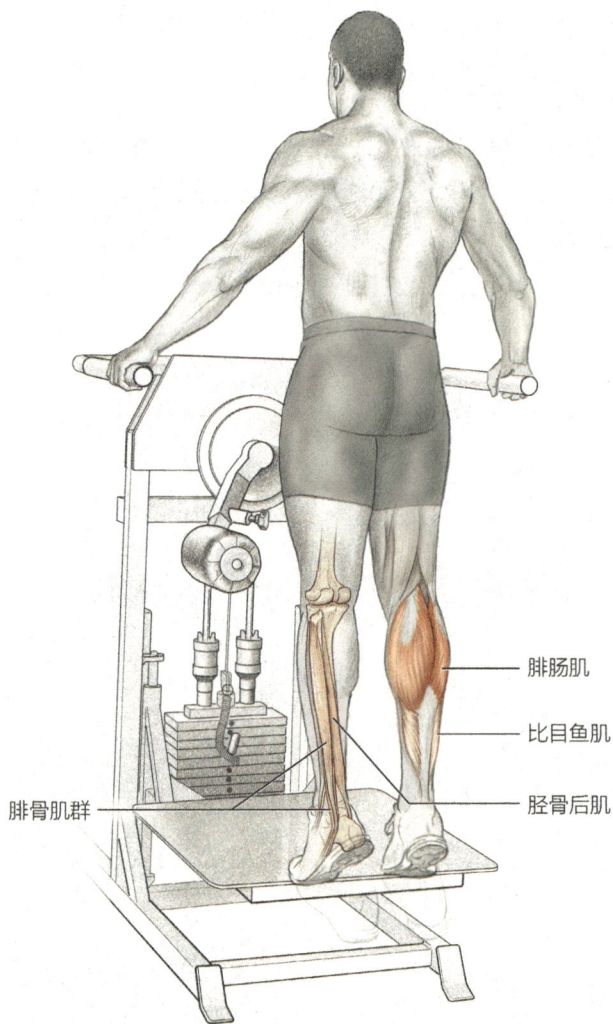

腓肠肌

比目鱼肌

胫骨后肌

腓骨肌群

## 训练步骤

1. 站立，双脚位于一个牢固平面的边缘。双手抓住一种固定结构以保持平衡。

2. 缓慢地朝地面降低双脚踝，同时拉伸你的跟腱。

3. 脚趾朝反方向快速弹起。

4. 进行规定的重复次数。

## 涉及的肌肉

**主要肌群：** 腓肠肌、比目鱼肌
**辅助肌群：** 胫骨后肌、腓骨肌群

### 篮球训练要点讲解

　　增强腓肠肌、比目鱼肌和跟腱复合体的力量，有助于在投篮和抢篮板球时跳得更高。加强此肌腱复合体还可增强跟腱的弹性，这会为你带来显著的优势。你可以在跳投未中着地后立即再次跳起抢篮板球。作为防守者，你将跳起阻止对手跳投，以及在着地后立即跳起抢篮板球。增强此肌腱复合体的力量还可提高弹性，所以你能在第二次跳跃时跳得比对手更高。

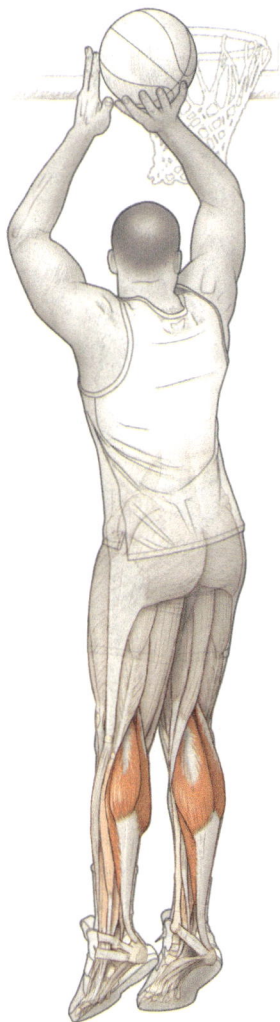

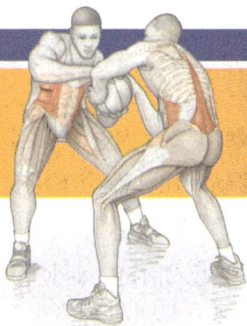

# 第 3 章

# 腰背部与核心：
# 稳定性中心

**在** 过去几年中，"核心"已成为一个描述躯干和相关上腹部肌肉的流行词。事实要更复杂一些，但是以增强篮球场上的力量为关注点时，最好将核心视为身体的一部分，这部分与下肢所产生的力有关并将其转移到上半身。没有强壮的核心，就不会有很好的运动表现。

核心可分解为两个基本类别：内核心和外核心。内核心的目的是实现稳定性。它稳定上腹部，保证恰当的姿势并提供一个稳定的平台，让你在跑、跳和着地时很稳定，能够支撑躯干。外核心在各种平面中产生脊柱运动。这让你有力量在跳跃时伸展脊柱和髋部，在扭身抢球或在控球期间转身时生成扭矩。

内核心由腹横肌、横突棘肌群、盆底肌和隔膜组成（如图3.1所示）。这些肌肉很难概念化，因为它们在表面解剖学中并非总是可见的。腹横肌和横突棘肌群中的肌肉协同发挥作用。腹横肌对腹腔产生类似束腹的效果。横突棘肌群包含多裂肌和回旋肌。这些较小的肌肉仅贯穿一些脊椎，通过抵抗扭矩和增强姿势感知来提高脊柱的稳定性。内核心的这两个肌群协同为整个脊柱提供稳定性并减少受伤风险。

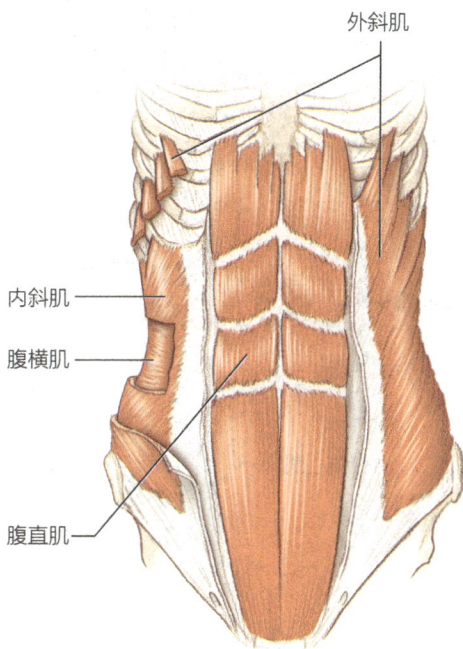

**图 3.1** 腹部肌肉

外斜肌
内斜肌
腹横肌
腹直肌

外核心由腹直肌、竖脊肌群（髂肋肌、最长肌和棘肌）及内外斜肌组成（如图3.2所示）。这些肌群负责产生和抵抗球场上的移动，比如篮筐下中锋位置的移动。考虑这些肌群的一种方式是将其视为动力链的一部分。这种人链中的链接负责在各种平面产生运动。例如，腹直肌和髋屈肌一起组成前链，而竖脊肌、腿后肌群和臀肌一起组成强大的后链。斜肌负责转体和侧屈。

要想全面发展篮球运动中所必需的、强壮且稳定的核心，需要加强所有负责产生或抵抗各种平面运动的肌肉。你需要从每种运动类别中选择一种练习来实现最佳的肌肉平衡和运动表现。我们选择了4种与篮球关系最密切的核心练习来训练运动员。

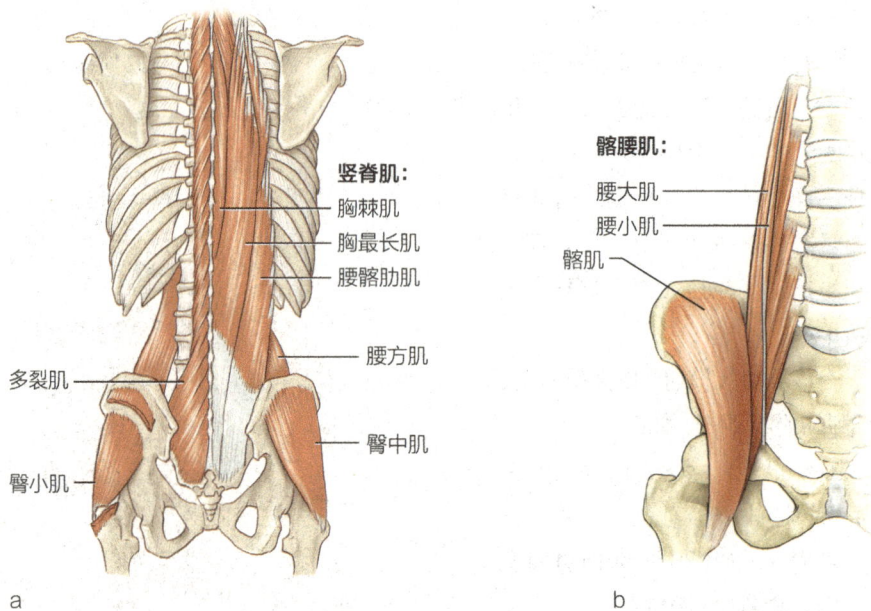

**竖脊肌：**
胸棘肌
胸最长肌
腰髂肋肌

腰方肌

多裂肌

臀中肌

臀小肌

**髂腰肌：**
腰大肌
腰小肌
髂肌

a

b

**图3.2** 外核心肌肉：（a）后面；（b）前面

以下是本章中的练习：

## 核心屈曲

香蕉式

仰卧时将球穿过核心

## 核心伸展

背部伸展

四肢着地臂腿平举（猎鸟犬）

## 核心旋转

水平拉线核心（滑轮）推举

T 杠转体

## 核心侧屈

侧身支撑

头顶拉线核心推举

# 香蕉式

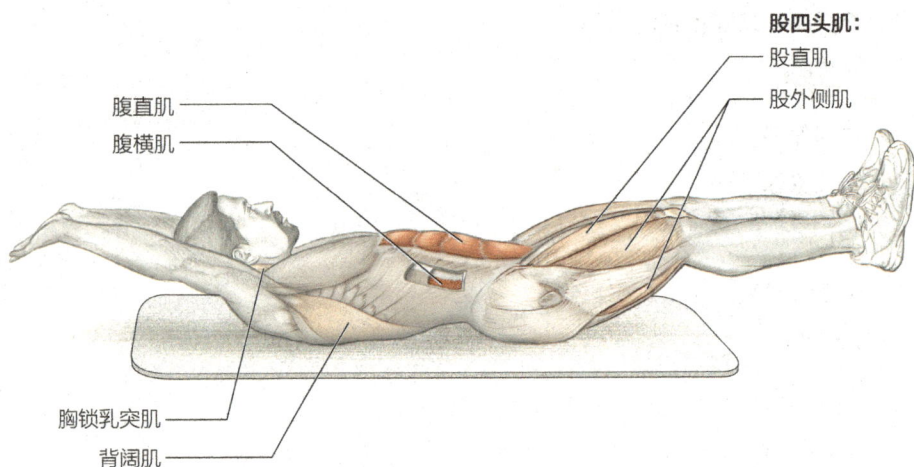

股四头肌：
股直肌
股外侧肌

腹直肌
腹横肌

胸锁乳突肌
背阔肌

## 训练步骤

1. 仰躺在地面上，双腿并拢，双臂伸过头顶，将肚脐朝脊柱方向牵引。此过程称为"收紧腹肌"，会激活腹横肌。

2. 将头部保持在双臂之间，缓慢地将上半身和双腿抬离地面，形成一种适当的香蕉式曲线。坚持到缓慢地数到30。不要屏住呼吸！尝试保持稳定且均匀地呼吸。此训练的重要部分是集中精力保持在空中，因此不要让背部从地面弓起。

3. 缓慢地返回到平躺位置，让双臂、头和双腿舒适地放在地面上。

4. 进行规定的重复次数。

## 涉及的肌肉

**主要肌群：** 腹直肌、腹横肌

**辅助肌群：** 髂腰肌、缝匠肌、股四头肌（股直肌、股外侧肌、股内侧肌、股中间肌）、背阔肌、胸锁乳突肌

### 篮球训练要点讲解

香蕉式或许是最被严重低估的核心练习。它看似容易，其实很难正确进行。此练习能提高你处于完全伸展姿势时躯干肌肉组织的稳定性。想想在跳起抢篮板球或跳投时拥有稳定的躯干和核心会有什么好处。强壮且稳定的躯干让你能够忍受篮板下和跳起抢篮板球时的猛烈撞击。

**变化动作**

### 摇滚

让此练习更有挑战的一种方式是添加一些轻微的动作。从头到脚趾轻微地前后摇晃，将增加对后链肌肉、腹直肌和腹横肌的挑战。或者朝一侧转动 1/4 圈并停住，这会稍微增加一点复杂性，因为内斜肌和外斜肌也会参与其中。

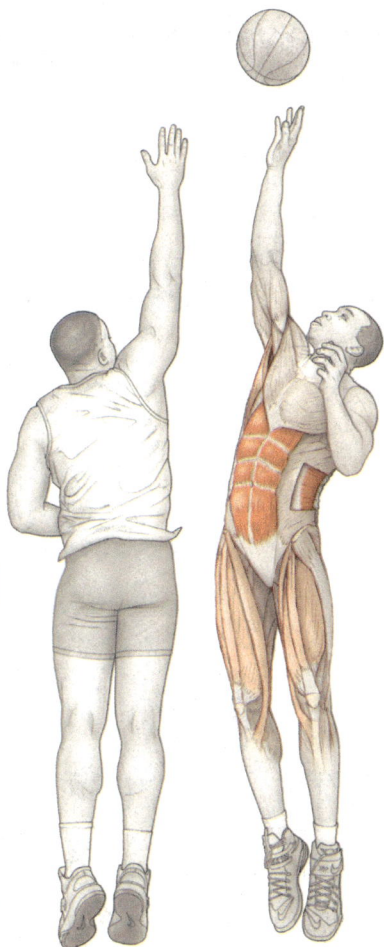

核心屈曲

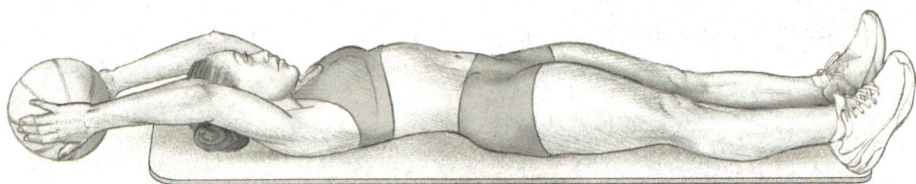

伸展

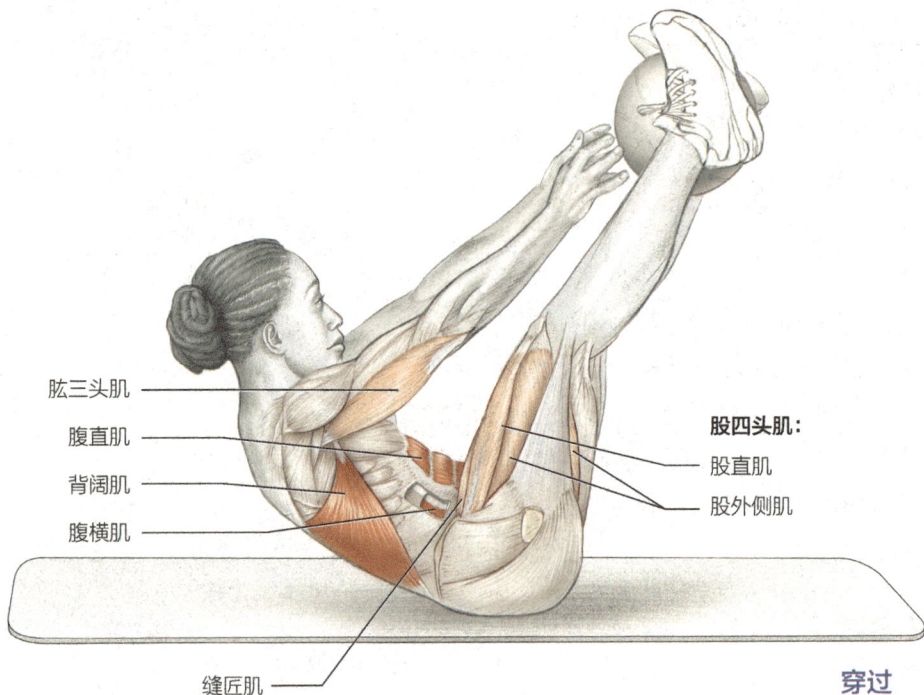

肱三头肌

腹直肌

背阔肌

腹横肌

股四头肌：

股直肌

股外侧肌

缝匠肌

穿过

## 训练步骤

1. 仰躺在地面上，双腿伸直且并拢，双臂伸过头顶，将肚脐朝脊柱方向牵引。双手抓住一个篮球。

2. 双臂伸过头顶，坐起将篮球从双手传到双脚之间。

3. 返回平躺在地面上，同时保持腹部收紧。双脚夹紧篮球，抬起双腿和骨盆，以将球传回到双手。

4. 缓慢地返回到平躺位置，让双臂、头和双腿舒适地放在地面上。

5. 进行规定的重复次数。

## 涉及的肌肉

**主要肌群：**腹直肌、腹横肌、髂腰肌、背阔肌

**辅助肌群：**缝匠肌、股四头肌（股直肌、股外侧肌、股内侧肌、股中间肌）、肱三头肌

### 篮球训练要点讲解

这不仅是很棒的核心练习，它还能让你积极参与其中，因为你在练习中会用到篮球。这可在精神上激励你，让你在进行高效的练习时保持积极性，最终提高与锻炼计划的一致性。将篮球用作练习的一部分，可刺激在比赛中传球所需的肌肉。传球动作开始时，你必须调动躯干肌肉来稳定上半身，产生足够的力来抛出球。

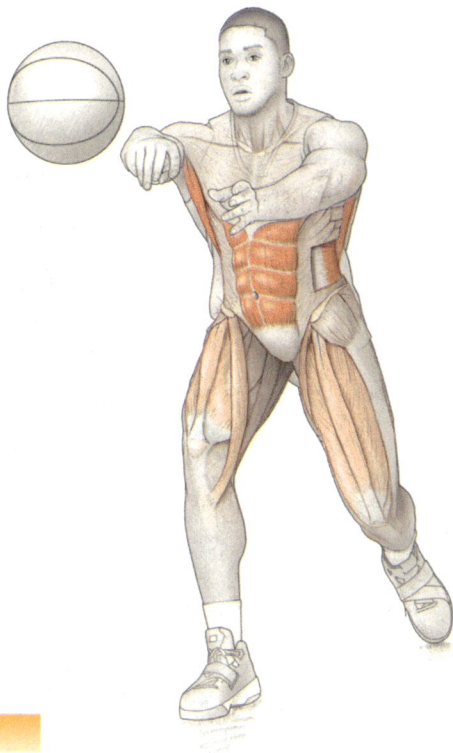

**变化动作**

### 重球传递

使用加重的健身实心球代替篮球，以提高练习要求。

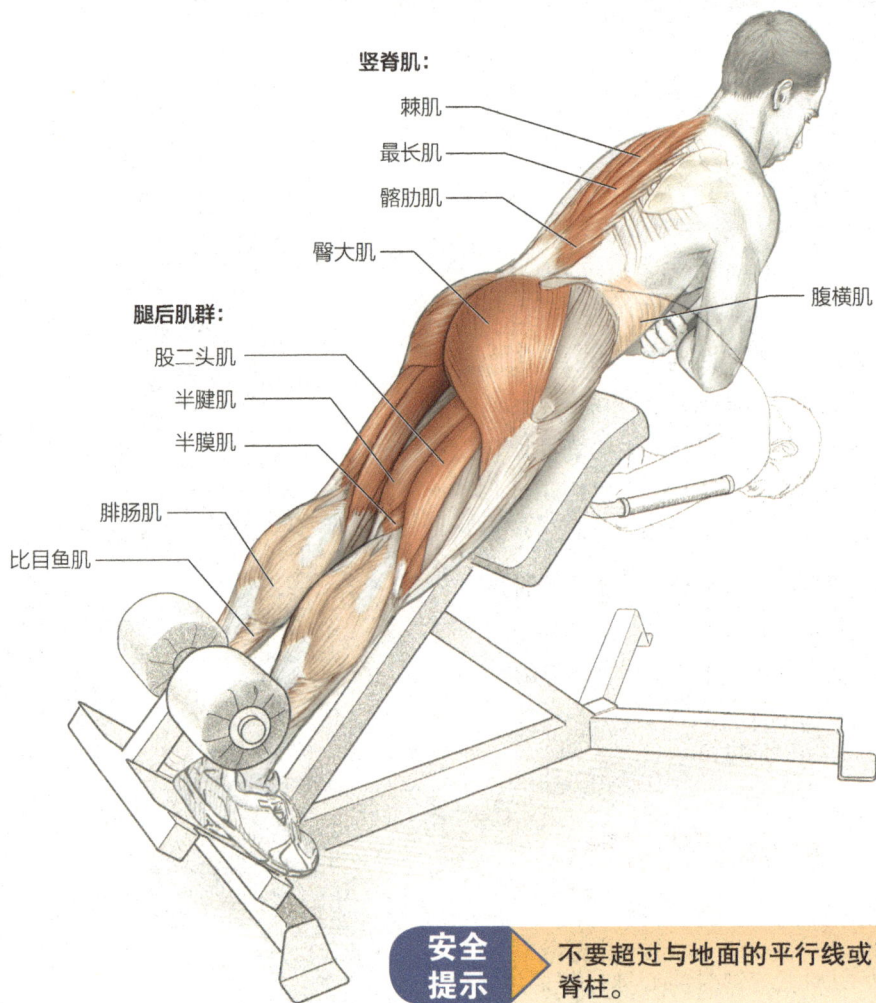

竖脊肌：
棘肌
最长肌
髂肋肌
臀大肌

腹横肌

腿后肌群：
股二头肌
半腱肌
半膜肌

腓肠肌
比目鱼肌

**安全提示** 不要超过与地面的平行线或弓起脊柱。

## 训练步骤

1. 使用一台过伸机，俯卧在器械上，将双脚固定在脚垫下，大腿前侧位于主要支撑垫上。髋部应朝前屈曲 90 度，让上半身倒垂。双手放在头后或交叉在身前。

2. 缓慢地抬起躯干，同时保持脊柱挺直。所有的动作都应发生在髋部。抬升躯干，髋部的角度抬至 180 度与器械平行。若要增加此练习的难度，可在最顶部位置静止一两秒。

3. 以受控的方式降低躯干，直到到达开始位置。

4. 进行规定的重复次数。

## 涉及的肌肉

**主要肌群：**竖脊肌（髂肋肌、最长肌、棘肌）、臀大肌、腿后肌群（股二头肌、半膜肌、半腱肌）

**辅助肌群：**横突棘肌、腹横肌、斜方肌、菱形肌、腓肠肌、比目鱼肌

### 篮球训练要点讲解

加强后链的明显意义是：有助于完成任何跳跃动作，以及加强可保持上半身处于良好防守姿势的肌肉力量。请记住保持动作流畅、缓慢且受控。不要摇晃或摆动身体。髋部充当铰链，上半身保持稳定。不要超过与地面的平行线和过于弓起脊柱，因为这可能为脊椎带来不想要的压力。有时此练习称为"过伸"，但这是一种误称，因为它所指的过伸实际上只是你从前屈位置变为腰椎直立位置。

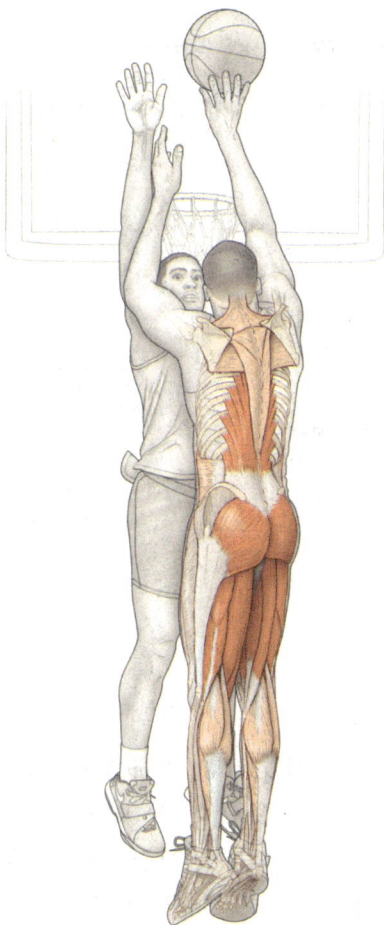

◄ 变化动作 ►

### 加重的背部伸展

想要使此练习更有挑战，可在胸部固定一个重铁片或哑铃来增加阻力。另一种增加阻力的方式是，在过伸机上绑一条弹力带，将其围绕在后颈和肩膀上。

### 无器械的背部伸展

不使用器械也可进行背部伸展。俯卧在物理治疗球上做同样的动作，双足固定在墙上或腹部平放在两个枕头上。每种选择都是有效的变化动作，但可能无法完成罗马椅或过伸机上的完整动作。

# 四肢着地臂腿平举（猎犬式）

**表层背部肌肉**

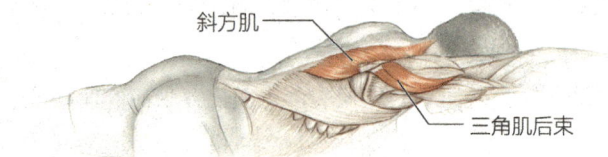

斜方肌

三角肌后束

**中层背部肌肉**

**竖脊肌：**
胸棘肌
胸最长肌
腰髂肋肌

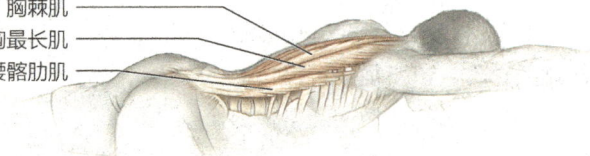

**深层背部肌肉**

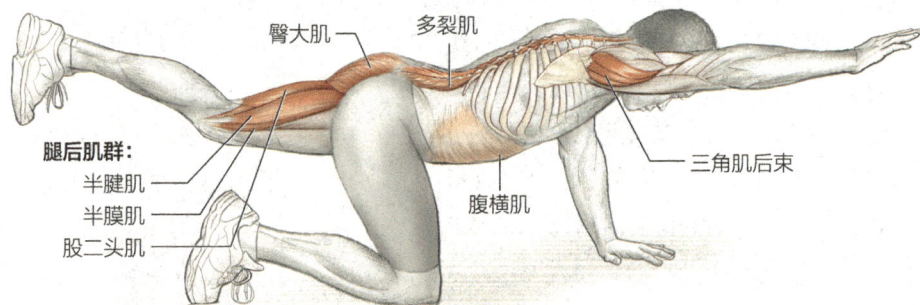

臀大肌

多裂肌

**腿后肌群：**
半腱肌
半膜肌
股二头肌

腹横肌

三角肌后束

## 训练步骤

1. 四肢着地，髋部位于膝盖正上方，肩部位于双手正上方。保持脊柱位于正中。收紧腹肌。头和颈处于自然位置，目视地面。

2. 平举并完全伸展一只手臂和另一侧的腿，使其与躯干完全平行。不要旋转髋带或肩胛带。保持此伸展位置至规定的时间，锻炼所涉及的肌肉的耐力。

3. 返回到开始位置，然后平举另一侧的手臂和腿。

4. 交替进行规定的重复次数和组数。

## 涉及的肌肉

**主要肌群：**多裂肌、腹横肌、臀大肌、腿后肌群（股二头肌、半膜肌、半腱肌）、三角肌后束、斜方肌

**辅助肌群：**竖脊肌（髂肋肌、最长肌、棘肌）、腹横肌

### 篮球训练要点讲解

这是针对核心和脊柱的不错的稳定性练习。它有助于锻炼躯干力量，使你可对抗篮下的抢位挡人。防守或抢篮板球后着地时保持在地面的能力，可使你能够在场上处于主导地位。举起手臂和腿时，想象木匠在肩背部和髋部的左右方向上放置的水平仪。这将保持脊柱的稳定性，抵抗在举起反向支撑体时所带来的旋转力矩。

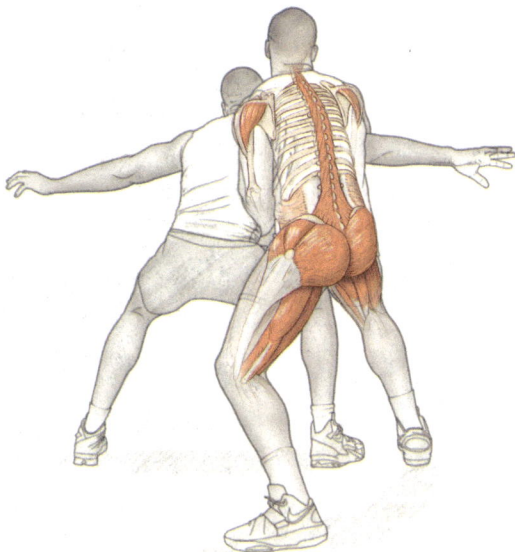

**变化动作**

## 加重的猎犬式动作

要使此练习更具挑战性，可在手腕和脚踝上加上铅袋，或在相对的手臂和腿上绑上橡皮管来增加阻力。

# 水平拉线核心（滑轮）推举

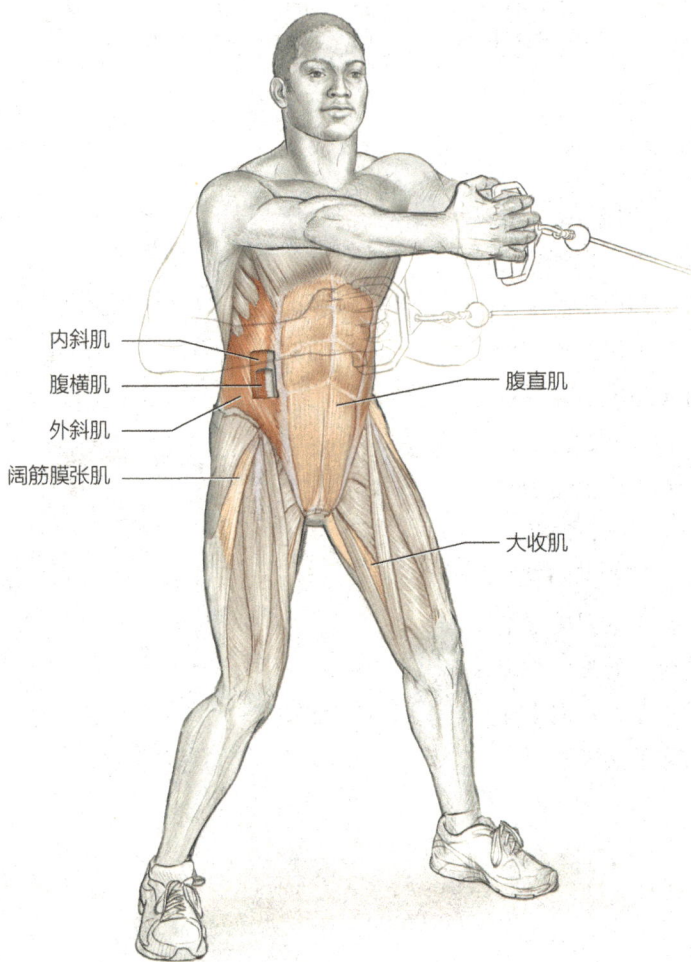

内斜肌
腹横肌
外斜肌
阔筋膜张肌

腹直肌

大收肌

## 训练步骤

1. 站在一台复合拉伸机前面。

2. 呈准备姿势，双脚与肩同宽，膝盖稍微弯曲，躯干挺直。

3. 双手握住附在拉线柱中间位置的手柄。将手柄拉至靠近腹部的肚脐高度位置。收紧腹肌并弯曲臀部。

4. 保持躯干挺直，从身前朝肩膀高度伸展双臂（推举）。这会创造较大的旋转力，髋部和肩膀必须抵抗此力。此练习的用途是通过保持稳定的脊柱位置来抵抗此旋转动作。保持伸展的推举位置 1~5 秒。

5. 返回到开始位置。进行两组练习，每组在每侧重复 10~15 次。

## 涉及的肌肉

**主要肌群：** 多裂肌、回旋肌、腹横肌、内斜肌、外斜肌

**辅助肌群：** 腹直肌、竖脊肌（髂肋肌、最长肌、棘肌）、阔筋膜张肌、大收肌、臀大肌

### 篮球训练要点讲解

这是一种不错的抗旋转练习。拉伸动作实际上非常容易，但抵抗旋转力会使此练习对核心肌肉而言很费力。作为一种保护背部的方式，训练身体来抵抗旋转至关重要。在你和另一位球员争夺篮板球时，在对手试图抢球时，控球能力至关重要。锻炼腹部力量有助于防守并保持控球。

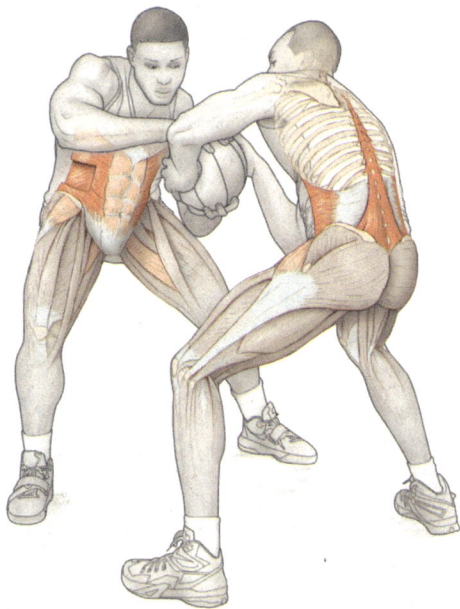

## 变化动作

### 借助软管的滑轮推举

此练习仅在使用橡皮管训练时有效。教练可能希望在各种姿势和位置给你带来挑战，比如在防守位置增加一个运动特定部分，或者在高位和单膝跪地位置增加对核心肌肉的要求。双腿分开较窄的站姿也会增加对下肢肌肉的要求。

# T 杠转体

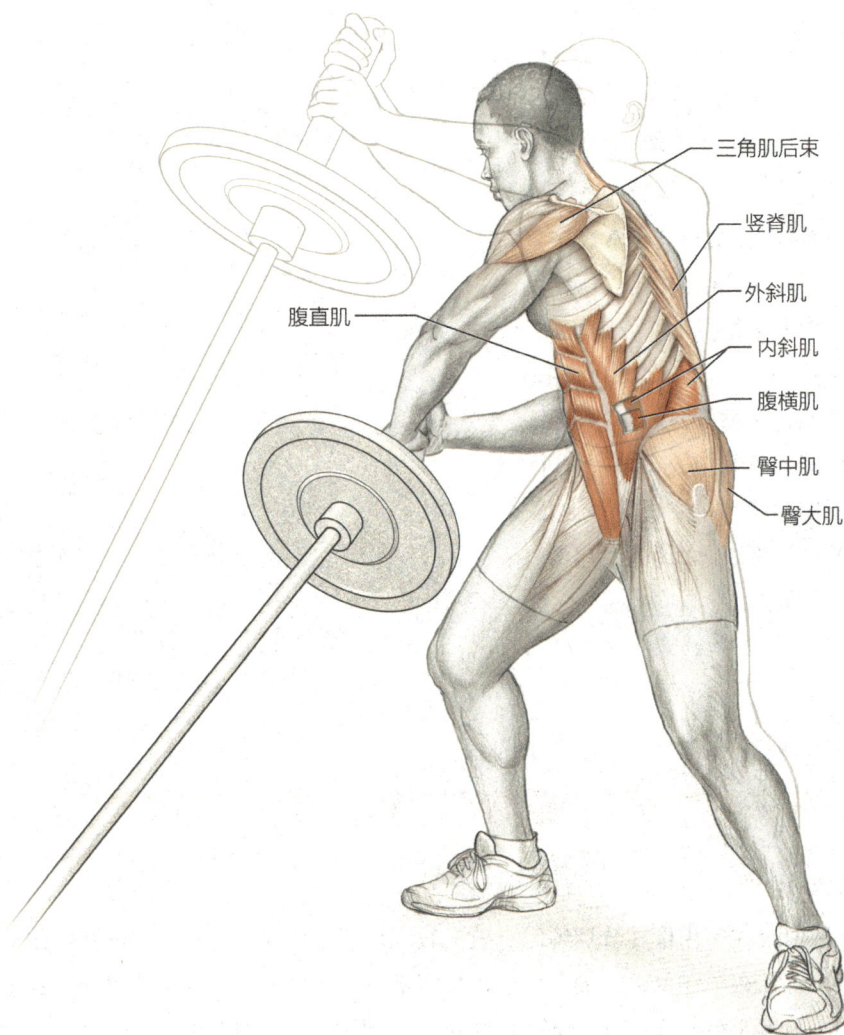

核心旋转

三角肌后束
竖脊肌
外斜肌
内斜肌
腹横肌
臀中肌
臀大肌

腹直肌

## 训练步骤

1. 使用一端牢固地楔入墙角的空杠铃，双臂从身前伸出，握住另一端。双脚比肩稍宽，肩膀和髋部摆好架势。

2. 使用旋转动作，以一种平稳、半圆模式朝右下方转动杠铃杆。

3. 当杠铃杆完全停在底部位置时，逆向转动到另一侧。完整的旋转动作是一个 180 度的弧度。转动和转回构成一次完整的动作。进行 3 组练习，每组包含 10 到 12 次重复动作。

## 涉及的肌肉

**主要肌群：** 腹直肌、腹横肌、内斜肌、外斜肌

**辅助肌群：** 臀中肌、臀大肌、竖脊肌（髂肋肌、最长肌、棘肌）、三角肌后束

### 篮球训练要点讲解

　　T杠练习是一种使用了旋转动作的复合练习。躯干负责在移动的肩胛带和静止的髋带之间做出转动动作。控制动作，而不要使用惯性或快速动作，这很重要。提高转身的爆发力和锻炼更强壮的躯干肌肉，会对你防守对手有所帮助。在球场上减速或抢到篮板球后下落的过程中，会很快发生转身动作。你需要强壮的核心肌肉来保持稳定性并保护背部免受伤害。

## 变化动作

### 跪姿T杠

　　可从跪姿或单膝跪地位置进行此练习。在这些位置进行此练习，不会用到腿部和髋部肌肉。

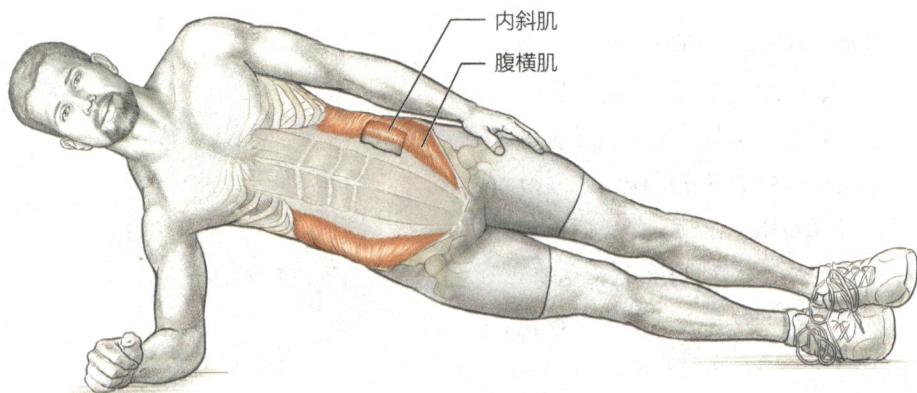

内斜肌
腹横肌

## 训练步骤

1. 右侧朝下侧躺，双脚、膝盖、髋部和肩膀在一条直线上。
2. 使用右肘和前臂支撑上半身。肘部应位于肩部正下方。
3. 收紧腹肌，就像你在勇敢地承受胃部遭受的重击。
4. 抬高髋部，直到其与膝盖和肩膀在一条直线上。
5. 坚持所需的时间。缓慢地将髋部降低到开始位置。
6. 进行规定的重复次数。用另一侧重复此练习。

## 涉及的肌肉

**主要肌群:** 腹横肌
**辅助肌群:** 内斜肌、多裂肌、腰方肌、胸最长肌

## 篮球训练要点讲解

　　侧身支撑或许是发展强健的髋部和保持躯干稳定性最有效的练习，可在任何地方进行。力量是通过地面产生的。能够对地面施加最大的力会让你跳得更高、跑得更快。跳起投篮或抢篮板球时，你需要强壮的核心来稳定上半身，让自己为下一个动作做好准备。强壮的核心是体育运动的支柱，它能使你抵抗激烈的身体碰撞。此练习的重点是改善你在对抗体形更大的对手时的稳定性和平衡性。

变化动作

### 经过修改的侧身支撑

　　如果无法让髋部、膝盖和肩部保持在一条直线上，可弯曲膝盖和抬高髋部。

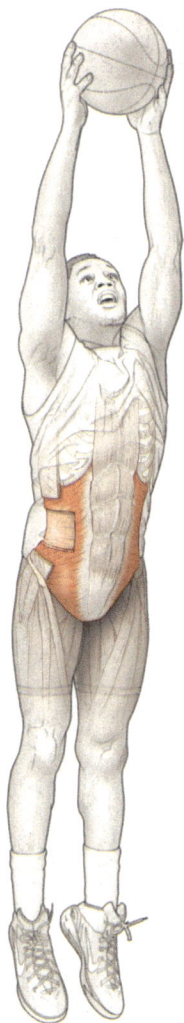

# 头顶拉线核心推举

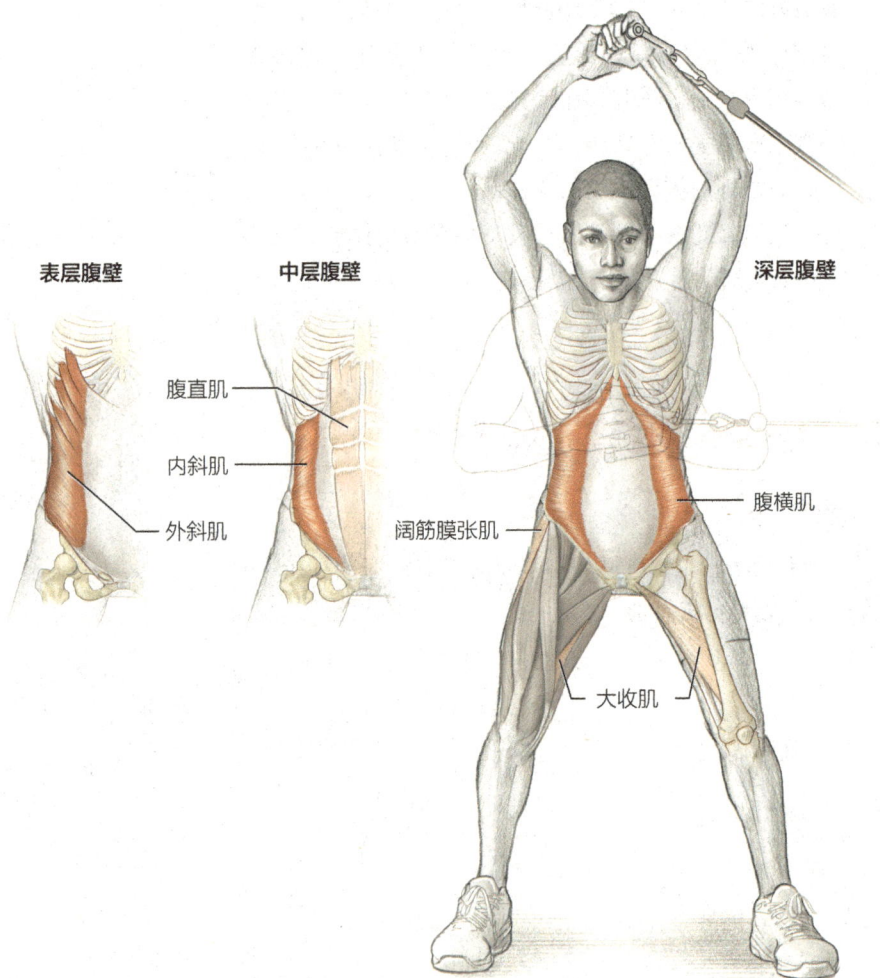

表层腹壁　　　　　中层腹壁　　　　　　　　　　　　深层腹壁

腹直肌

内斜肌

外斜肌

阔筋膜张肌

腹横肌

大收肌

## 训练步骤

1. 站在一台复合拉伸机前面。
2. 呈准备姿势，双脚与肩同宽，膝盖稍微弯曲，躯干挺直。
3. 双手握住附在拉线柱中间位置的手柄。将手柄拉至靠近腹部的肚脐高度位置。收紧腹肌并弯曲臀部。
4. 保持躯干挺直，朝头顶伸出（推举）双臂。
5. 返回到开始位置并重复规定的次数。

## 涉及的肌肉

**主要肌群：**多裂肌、回旋肌、腹横肌、内斜肌、外斜肌

**辅助肌群：**腹直肌、竖脊肌（髂肋肌、最长肌、棘肌）、阔筋膜张肌、大收肌、臀大肌

### 篮球训练要点讲解

此练习不仅能让你具有更强壮的核心，还能锻炼进行头顶动作时肩部的稳定性。此头顶动作能锻炼参与侧屈的斜肌的力量。跳起抢篮板球或投三分球时，你需要这种稳定性来避开防守者。此练习可锻炼肩部和躯干在跳起抢篮板球时的力量。跳起抢篮板球或接传歪的球后，你可能会以不舒服的角度着地。锻炼这些肌肉来控制侧屈，可帮助你预防腰背部受伤，降低跌落时出现其他伤害的概率。

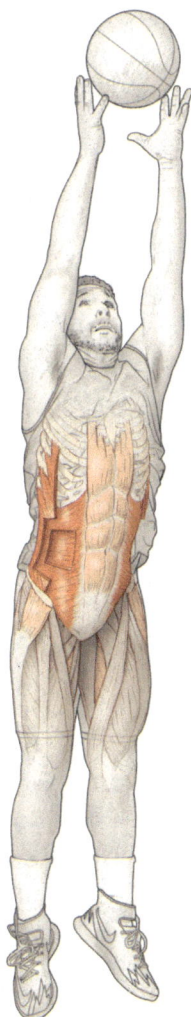

核心侧屈

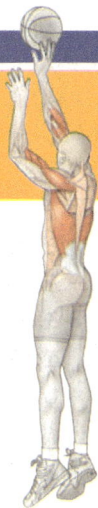

# 第 4 章

# 上半身拉伸与爆发力：
# 拉式练习

**拉**式练习是篮球训练的重要组成部分。拉式练习为训练期间进行的所有推式练习提供了补充，从而实现了一种平衡。拉式练习还可锻炼肩部、上背部和手臂的爆发力。拉式练习涉及的后侧肌肉包括背阔肌、斜方肌、大菱形肌、小菱形肌、大圆肌、小圆肌、三角肌后束、肱三头肌、冈上肌和冈下肌。一些拉式练习中涉及的前侧肌群包括肱肌、肱桡肌、肘肌、三角肌前束、胸大肌、胸小肌和外斜肌。这些肌群在抢篮板球、投篮、进攻性运球、确立战略性进攻和防守场地位置以及防守对手的过程中很重要。这些练习也有助于增强涉及杠铃、哑铃和壶铃的动作中的抓握。在运球、投篮和抢篮板球过程中，抓握力是控制篮球必不可少的。

肩部和背部力量以及爆发力训练有助于提高球员在比赛期间的动作表现。跑、急转向和身体控制（尤其是在空中）以及受伤预防在篮球运动中很重要。增强爆发力有助于实现更敏捷和更快速的上半身动作，比如尝试从对手手中抢球。

胸锁乳突肌 ——————

肩胛下肌 ——————

喙肱肌 ——————

胸小肌 ——————

前锯肌 ——————

肱肌 ——————

斜方肌上部

**三角肌：**

三角肌前束

三角肌中束

**胸大肌：**

锁骨部分

胸骨部分

肱二头肌

肱肌

肱桡肌

旋前圆肌

a

**斜方肌：**

斜方肌上部 ——————

斜方肌中部 ——————

斜方肌下部 ——————

**三角肌：**

三角肌中束 ——————

三角肌后束 ——————

菱形肌 ——————

肱三头肌 ——————

背阔肌 ——————

肩胛提肌

冈上肌

冈下肌

小圆肌

大圆肌

菱形肌

肘肌

b

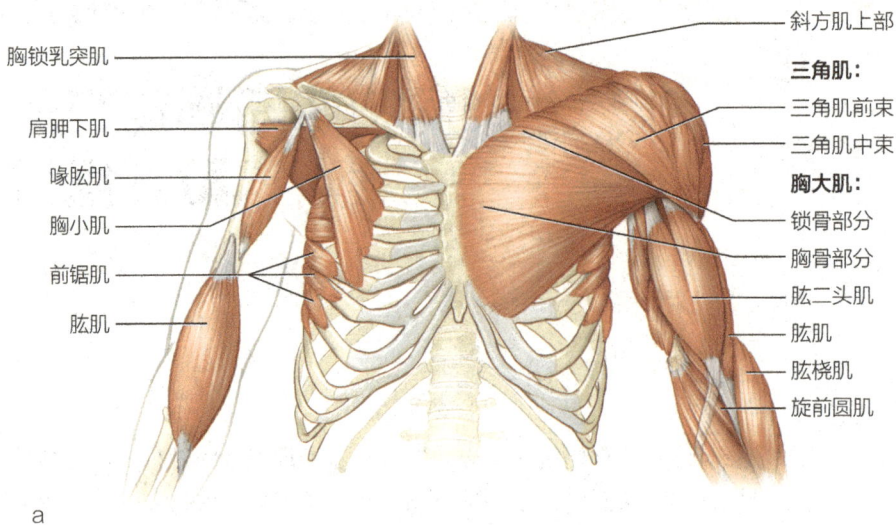

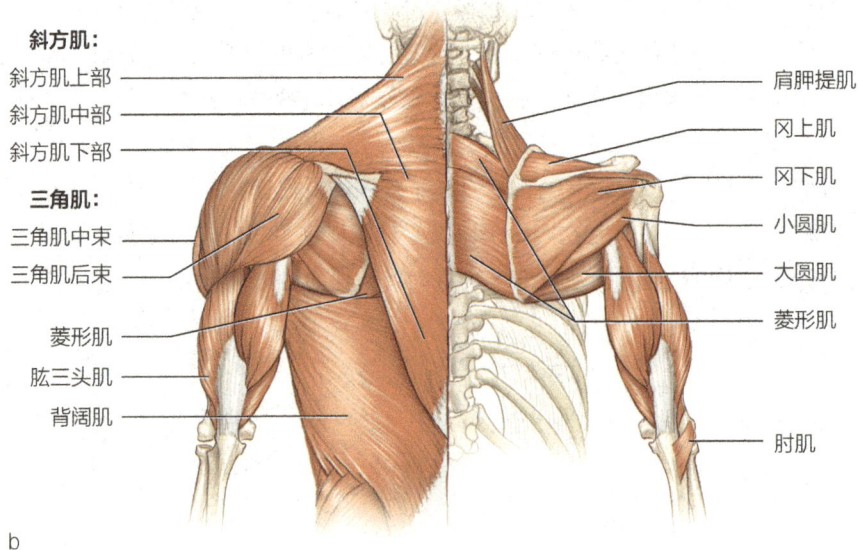

**图4.1** 上半身肌肉：（a）前面；（b）后面

本章介绍一些在球场上对你有所帮助的拉式练习，这些练习用于增强肩部、上背部和手臂的力量与爆发力。

以下是本章中的练习：

引体向上

悬垂臂屈伸

颈前下拉

单臂哑铃提拉

坐姿屈伸

弯腰杠铃拉举

壶铃上拉

伏地哑铃提拉

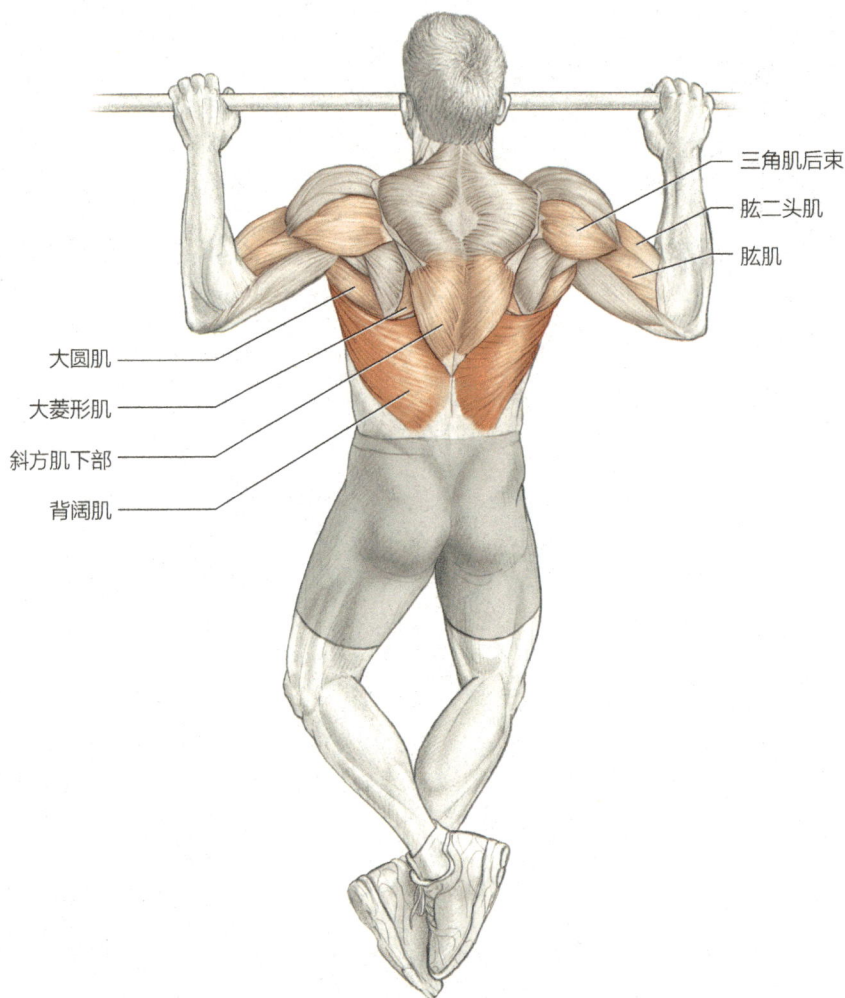

三角肌后束

肱二头肌

肱肌

大圆肌

大菱形肌

斜方肌下部

背阔肌

拉式练习

## 训练步骤

1. 使用正手握法抓住引体向上杆，手掌朝前，手臂完全伸展，身体处于悬挂状态。

2. 稍微弯曲膝盖，双脚踝交叉。

3. 首先朝上拉身体，保持肘部与身体在一条线上，直到胸部与引体向上杆在同一高度。

4. 身体缓慢下降，直到手臂在最初的悬挂位置上完全伸展。

5. 进行规定的重复次数。

## 涉及的肌肉

**主要肌群**：背阔肌

**辅助肌群**：斜方肌下部、大菱形肌、小菱形肌、大圆肌、肱二头肌、肱肌

### 篮球训练要点讲解

引体向上是最难进行的练习之一，尤其是在中学阶段。引体向上很容易变化，只需调整手的位置即可。进行抓握距离较宽的引体向上时，会锻炼大部分背部肌肉，但要注意，这是最高级的引体向上体位。初学者可能希望采用较窄的抓握距离，直到他们可完美地完成引体向上。这会锻炼背部肌肉，但需要辅助肌肉的一定帮助。引体向上练习有助于锻炼上背部的所有必要肌肉。

强壮的背部可使篮球运动员在跳起抢篮板球或防守对手时效率更高。拥有强壮的背部可在球场上跑动时产生更多的动能。

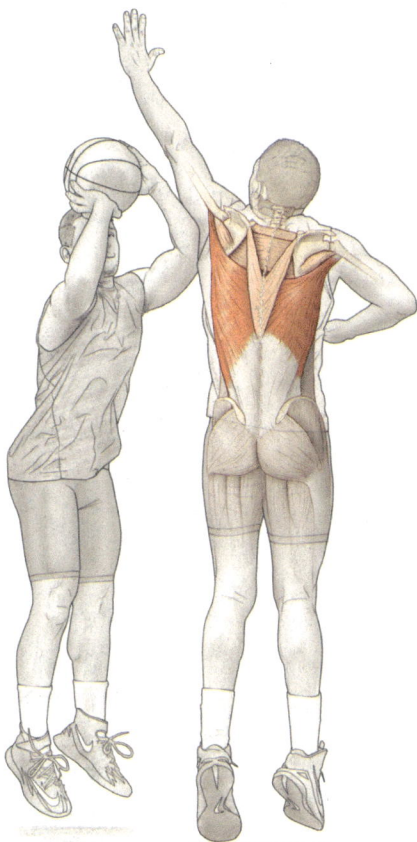

## 变化动作

### 借助带子的引体向上

如果无法克服自己的身体质量的影响而完成引体向上，可尝试辅助性引体向上。在引体向上杆上绑一条结实的橡皮筋，确保橡皮筋牢固固定在杆上。将一个或两个膝盖放入橡皮筋内，进行规定的重复次数。

### 不同的手的位置

- 手掌朝自己，握住引体向上杆，进行引体向上。
- 一只手掌朝前、一只手掌朝自己来握住引体向上杆（交替握法）。

# 悬垂臂屈伸

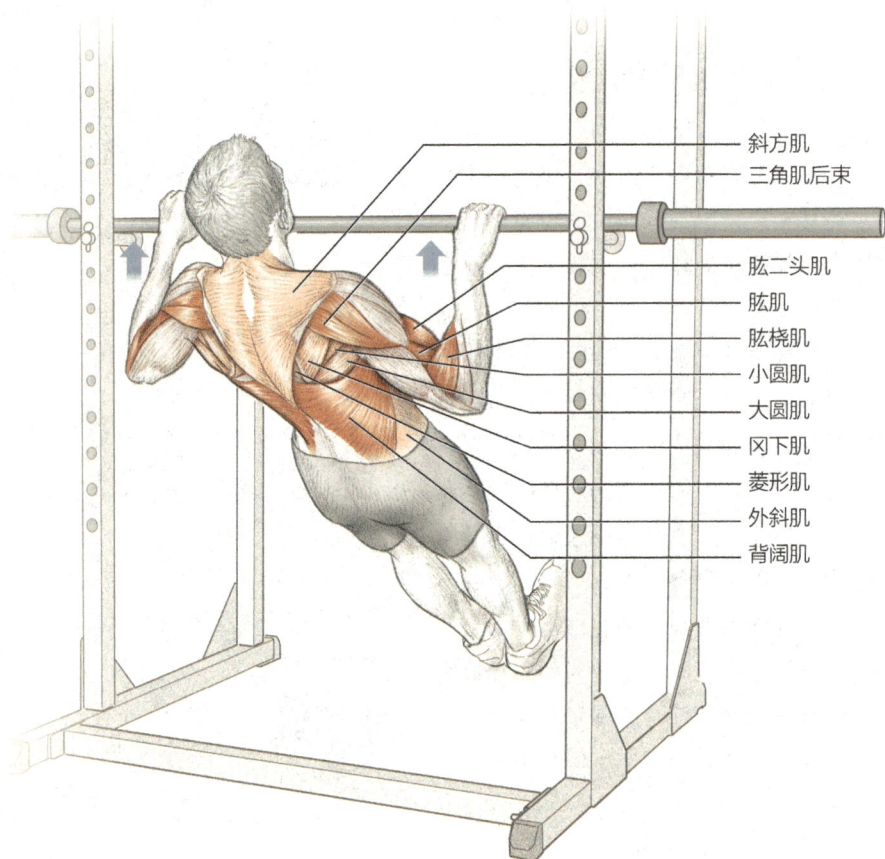

斜方肌
三角肌后束

肱二头肌
肱肌
肱桡肌
小圆肌
大圆肌
冈下肌
菱形肌
外斜肌
背阔肌

## 训练步骤

1. 调整深蹲架的安全支撑高度，以便躺在地上时，你的手臂抓住杠铃杆时是完全伸展的。

2. 将安全固定的杠铃杆放在深蹲架的支撑体上。

3. 用正手握法抓住杠铃杆，手掌朝前，手臂和腿完全伸展。

4. 朝杠铃杆向上拉身体，确保髋部和躯干同时抬起。

5. 最终胸部达到杠铃杆的高度。保持肘部靠近身体。

6. 降低到地面，确保髋部和躯干保持在一条直线上，直到手臂完全伸直。

7. 进行规定的重复次数。

## 涉及的肌肉

**主要肌群：** 背阔肌、肱二头肌、肱肌、肱桡肌、三角肌后束

**辅助肌群：** 大菱形肌、小菱形肌、大圆肌、小圆肌、冈下肌、外斜肌、斜方肌

### 篮球训练要点讲解

类似于引体向上，悬垂臂屈伸可帮助你锻炼出强壮的背部，重点锻炼三角肌后束。此练习需要保持身体伸直。

悬垂臂屈伸可帮助你锻炼肩膀后部的力量，这对长距离投篮能力和防守对手有所帮助。

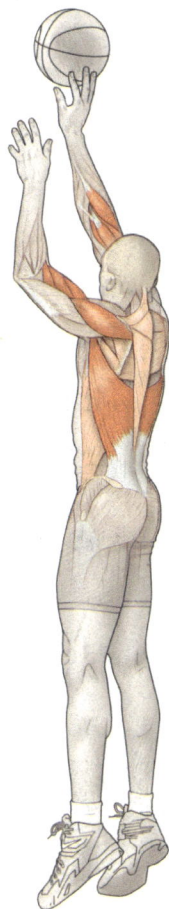

变化动作

### 桌面姿势

如果无法在双腿完全伸直的情况下进行此练习，可将膝盖弯曲90度，进行规定的重复次数。

### 悬挂训练系统或吊绳

此练习可借助悬挂训练系统或吊绳来完成。这将增加练习的难度，因为练习中需要独立使用每只手臂来拉起身体。

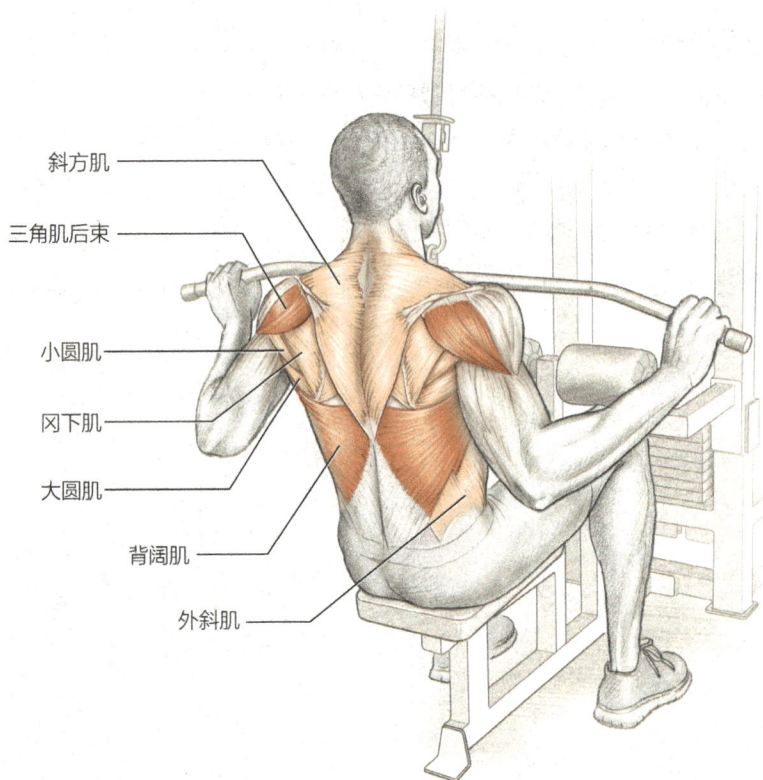

斜方肌

三角肌后束

小圆肌

冈下肌

大圆肌

背阔肌

外斜肌

## 训练步骤

1. 面朝高拉机坐着，双腿舒适地放在支撑垫下。

2. 双臂朝头顶伸出，采用正手握法握住拉杆，手掌朝外。将双手放在比肩稍宽的位置。

3. 稍微后倾。每次重复时以一种受控的动作将拉杆拉至上胸部，直到拉杆接触胸部顶部。保持肘部靠近身体两侧。

4. 缓慢地将拉杆送回到双臂完全伸展的开始位置。

5. 进行规定的重复次数。

## 涉及的肌肉

**主要肌群：** 背阔肌、肱二头肌、肱肌、肱桡肌、三角肌后束

**辅助肌群：** 大菱形肌、小菱形肌、大圆肌、小圆肌、冈下肌、外斜肌、斜方肌

### 篮球训练要点讲解

尽管锻炼重点与引体向上类似，但颈前下拉的优势在于，它可在各种训练中为运动员提供不同的帮助来锻炼力量。

颈前下拉可帮助你锻炼上背部的牵引肌群。锻炼出强壮的背部将对跑动和抢篮板球有所帮助。拥有强壮的背部肌肉有助于提高稳定性和控制力，这有助于预防受伤。篮球运动变得越来越激烈，运动员也变得越来越强壮。由于在篮下发生的身体接触很多，所以运动员需要变得尽可能强壮，但仍要保持投篮的灵活性。拥有经过充分锻炼的背部有助于挡开尝试抢断的对手。

---

变化动作

## 窄握颈前下拉

通过让握住的地方更靠近拉杆中部，可锻炼上背部的不同肌群。窄握颈前下拉重点锻炼肱三头肌、大菱形肌和小菱形肌。

## 反握颈前下拉

采用窄握法，反转双手，使手掌朝向自己。这可在练习中进一步锻炼肱二头肌。

# 单臂哑铃提拉

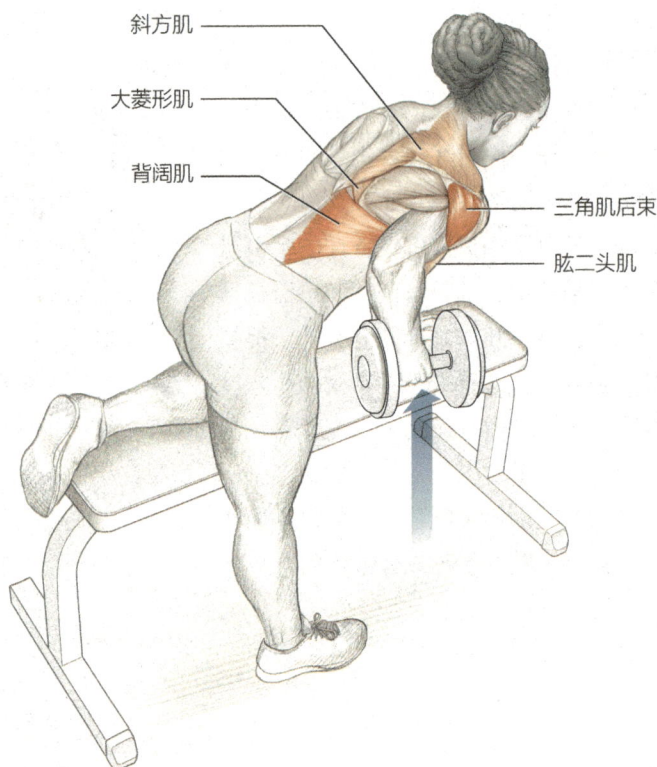

斜方肌

大菱形肌

背阔肌

三角肌后束

肱二头肌

## 训练步骤

1. 呈站姿，将左膝弯曲 90 度并放在长凳上。

2. 将左手放在长凳上来支撑你的质量。弯腰，用右手拿起哑铃，让伸展的右臂承受哑铃质量。

3. 保持背部平直，头处于中位，弯曲肘部，抬起右手，直到肘部与一侧肋骨一样高。

4. 将哑铃放回开始位置。

5. 进行规定的重复次数。

6. 换到另一侧，使用左臂重复练习。

## 涉及的肌肉

**主要肌群：**三角肌后束、背阔肌

**辅助肌群：**斜方肌、大菱形肌、小菱形肌、肱二头肌

### 篮球训练要点讲解

　　单臂哑铃提拉针对的是三角肌后束，这是投篮或抢篮板球时需要的一块重要肌肉。重点锻炼单臂动作通常有助于锻炼最薄弱的环节。进行使用双臂或双腿的锻炼时，占主导的一边倾向于完成大部分工作。单臂哑铃提拉有助于锻炼较弱的手臂，同时让占主导的手臂保持足够的力量。双臂拥有相当的力量，对被迫使用非主导手投篮的篮球运动员会有好处。

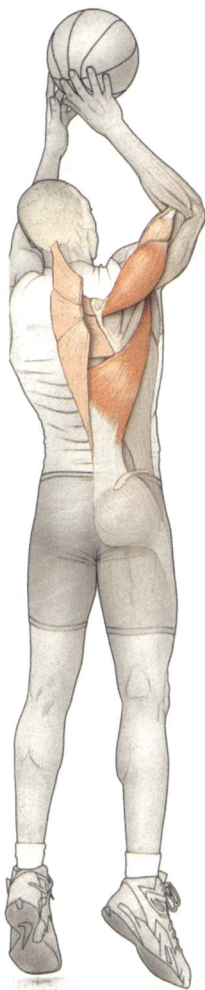

## 变化动作

### 借助带子的单臂提拉

　　以篮球防御姿势站立。使用拉线柱或橡皮筋进行单臂提拉动作。

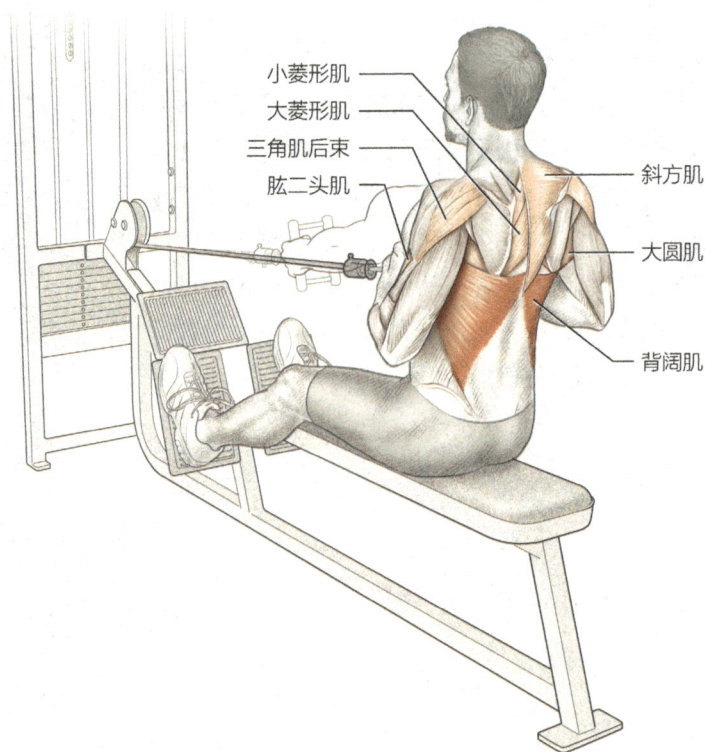

小菱形肌
大菱形肌
三角肌后束
肱二头肌

斜方肌

大圆肌

背阔肌

## 训练步骤

1. 面朝复合拉伸机而坐，或者使用坐姿屈伸机（如果有的话）。

2. 将双脚牢固地放在平台上，双膝稍微弯曲。

3. 两手掌相对，抓住练习手柄来进行练习动作。

4. 稳定上背部的肌肉组织，以受控的速度朝下胸部拉手柄，同时保持肘部位于身体两侧。

5. 不要让肘部朝后超过身体两侧。请记住保持脊柱直立，不要后倾。

6. 保持躯干稳定，通过以较慢、受控的节奏伸展双臂，将手柄返回到开始位置。

7. 进行规定的重复次数。

## 涉及的肌肉

**主要肌群：**背阔肌

**辅助肌群：**斜方肌、大菱形肌、小菱形肌、大圆肌、三角肌后束、肱二头肌

### 篮球训练要点讲解

上背部在稳定肩胛带和保持姿势的过程中发挥着重要作用。篮球运动员一般拥有较长的躯干，需要更强的背部肌肉，以保护他们在比赛中或冲向篮筐时免受伤害。随着篮板下和内线人员的身体接触越来越多，篮球运动员需要拥有力量来挡开对手，用身体打开缺口来得分。更强壮、更有力的运动员才能实现此目的。

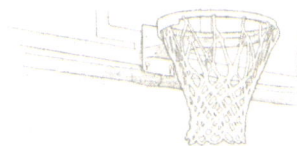

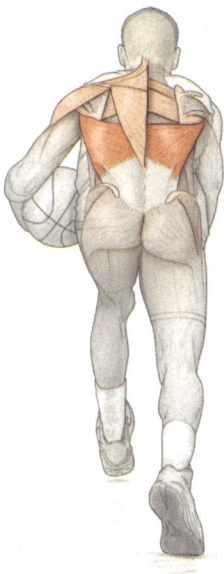

**变化动作**

### 借助带子的屈伸

屈伸运动也可在站姿下使用塑料管或橡皮筋来进行。也可在拉线柱前使用直杆执行这种站姿屈伸动作。

# 弯腰杠铃拉举

斜方肌
小圆肌
大圆肌
肱二头肌

三角肌后束
大菱形肌
背阔肌

**训练步骤**

1. 站立，采用正手握法（手掌朝向身体）抓住杠铃杆，手臂伸展，双脚与肩同宽。

2. 杠铃杆上手的位置应与肩膀同宽或稍宽。

3. 保持背部平直，稍微弯曲膝盖，通过后移髋部来将杠铃杆降低到稍低于膝盖的位置。

4. 朝下胸部沿直线拉起杠铃杆，保持肘部靠近身体。将两侧肩胛骨挤到一起。

5. 缓慢地将杠铃杆降低到开始位置，同时保持背部平直和膝盖弯曲。

6. 进行规定的重复次数。

## 涉及的肌肉

**主要肌群：** 背阔肌

**辅助肌群：** 斜方肌、大菱形肌、小菱形肌、大圆肌、三角肌后束、肱二头肌

### 篮球训练要点讲解

尽管它具有与坐姿屈伸类似的锻炼重点，但弯腰杠铃拉举是一种更高级的练习。采用站姿进行此练习，需要强壮的腰背部和很强的抓握力。

此练习是锻炼恰当地抢位，从而实现可靠站位的必要练习。强壮的背部肌肉对篮球运动不可或缺。你同时需要上背部和腰背部的力量来进行球场上的大量跑动，包括快速起跑和突然停止。弯腰杠铃拉举有助于锻炼上背部肌肉。

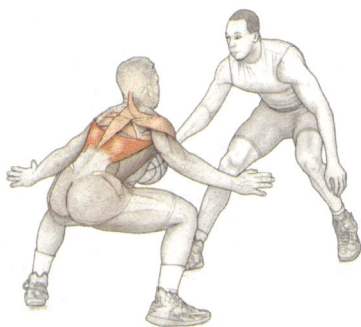

### 变化动作

### 抓握变化动作

可采用反手握法（掌心朝上）来进行弯腰杠铃拉举。这种手位更容易在练习期间保持肘部靠近身体。

### 弯腰哑铃拉举

如果无法进行弯腰杠铃拉举，可使用哑铃和可调整的长凳来进行练习。将长凳调整为倾斜45度并跨坐在长凳上，将胸部放在长凳的倾斜部分，同时保持双脚平放在地上。采用正手握法抓住哑铃，将哑铃抬到胸部高度，然后缓慢地将它们降低到开始位置。

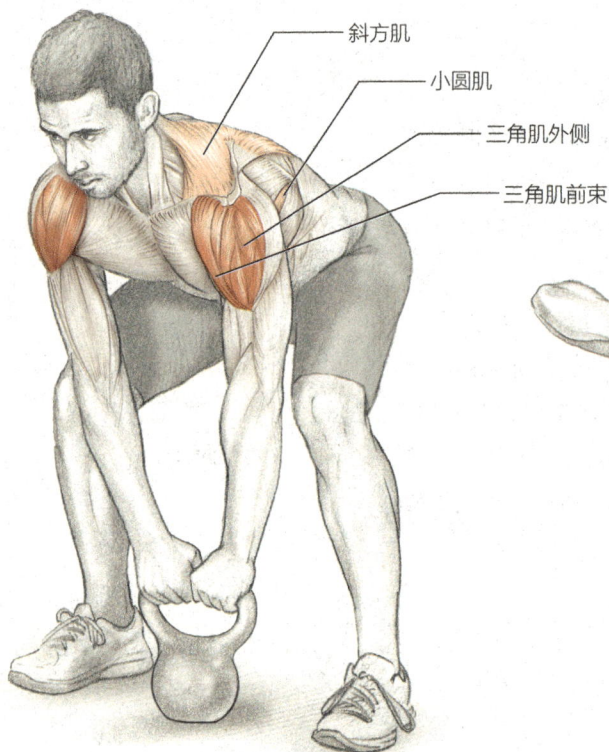

斜方肌

小圆肌

三角肌外侧

三角肌前束

**开始位置**

## 训练步骤

1. 笔直站立，双脚与肩同宽，脚趾稍微朝外，将壶铃放在两脚之间的地上。
2. 下蹲且保持背部平直，双手采用正手握法抓住壶铃。

3. 双臂伸直，抓住壶铃，从下蹲位置升起，穿过脚踝，保持背部平直。

4. 壶铃到达胸部高度后，耸肩，朝前推髋部，然后爆发性地弯曲肘部来将壶铃拉至胸部高度。

5. 肘部应与双肩平行，背部处于直立位置，脚跟离开地面。

6. 保持壶铃靠近身体，缓慢地将壶铃放回到开始位置，方法是放松双肩、髋部和膝盖以返回到下蹲位置，直到壶铃静止在双脚之间的地上。

7. 进行规定的重复次数。

## 涉及的肌肉

**主要肌群：** 三角肌前束、三角肌外侧

**辅助肌群：** 冈下肌、冈上肌、小圆肌、斜方肌

### 篮球训练要点讲解

　　壶铃上拉是一种不错的多关节练习，专门针对高速动作，锻炼适合跳跃和抢篮板球的强壮肩膀和爆发力。你可使用壶铃或杠铃来完成此练习。高速移动壶铃或哑铃会刺激神经系统，导致快速的肌肉收缩。

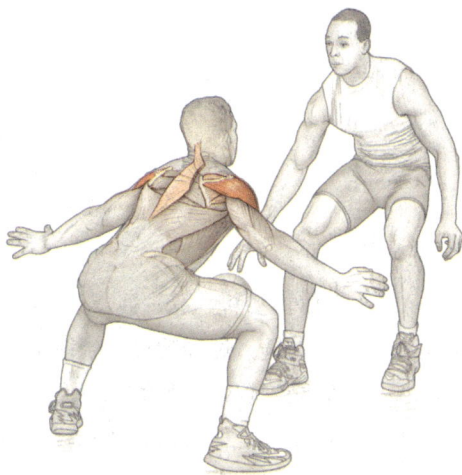

## 变化动作

### 杠铃上拉

也可使用杠铃进行此练习。开始时将杠铃放在鞋带上方。

# 伏地哑铃提拉

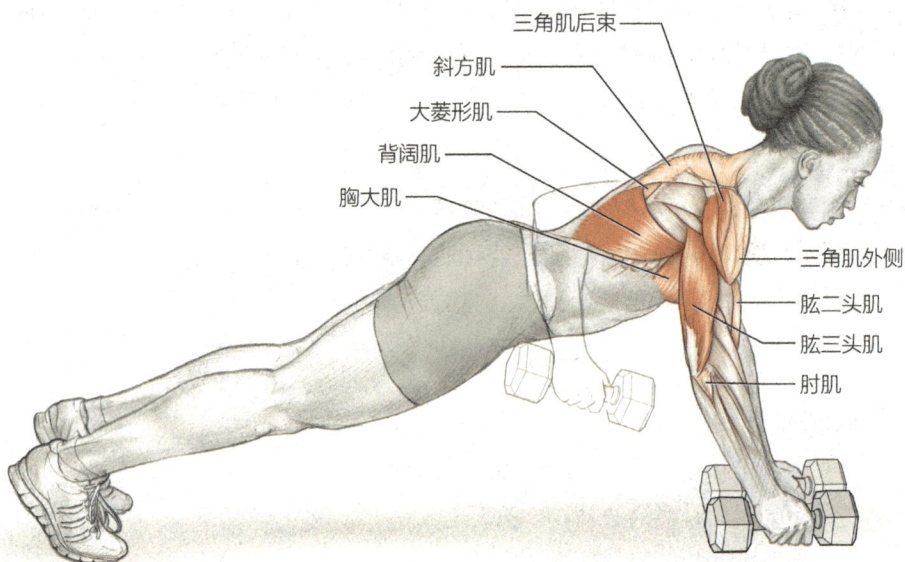

三角肌后束
斜方肌
大菱形肌
背阔肌
胸大肌

三角肌外侧
肱二头肌
肱三头肌
肘肌

## 训练步骤

1. 呈俯卧撑姿势，双手抓住一对哑铃的手柄。双臂应伸直，双脚平稳着地。背部应平直，与髋、肩和腿在一条线上。

2. 左臂平稳地撑在哑铃上，用右臂进行单臂提拉。将哑铃抬高至胸部下方，保持肘部靠近身体。保持肩、髋和腿在一条线上，避免在练习时旋转身体。

3. 将哑铃放回到开始位置。用另一只手臂进行相同的动作。

4. 每只手臂进行规定的重复次数。

## 涉及的肌肉

**主要肌群：** 肱三头肌、胸大肌、三角肌后束、背阔肌

**辅助肌群：** 胸小肌、三角肌前束、肘肌、斜方肌、大菱形肌、小菱形肌、肱二头肌

### 篮球训练要点讲解

通过锻炼出强壮的上半身，你可以更快地传接球。上半身力量有助于在抢篮板球或投篮时改善平衡和姿势。从此练习中获得的力量将保护肩膀，防止你受伤。伏地哑铃提拉包含推和拉的动作，推的动作增强胸大肌、胸小肌和三角肌前束的力量，拉的动作增强大菱形肌和小菱形肌的力量。

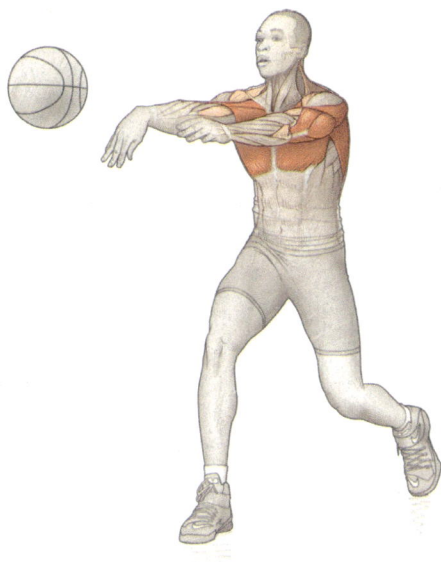

# 第 5 章

# 上半身拉伸与爆发力：
## 推式练习

如第 1 章所述，篮球和其他许多运动项目都是在地面上进行的，上肢是身体动力链中接收所产生的力的最后一环。跳投时，力量通过双腿从地面发出，通过核心传经身体，最后到达上肢以抛出球。

上半身也与跑动速度有直接的关系。试试这个试验：坐在地上，双腿完全伸开，躯干处于直立姿势。前后摆动手臂，模仿跑动时发生的手臂动作。开始像慢走一样缓慢摆动手臂，逐渐加快速度，最后像冲刺一样快速摆动手臂。你会注意到，在非常高的摆臂速度下，髋部和大腿开始前后移动，帮助完成动作。

人体的上半身在篮球运动中很重要。该运动要求你在防守对手、为抢篮板球而站位、传球、进攻正在防守的对手以及在篮下投篮得分时具有非常好的体力。因为许多运动是在头顶上进行的（投篮、抢篮板球等），所以只有上半身具有力量和爆发力，才能在整场比赛中保持最佳的表现，并防止上肢受伤。

设计上半身的力量和爆发力锻炼计划时，同时包含对收缩和拮抗肌群的锻炼，以保持上半身肌肉组织的恰当平衡，从而实现最佳表现和预防上半身受伤的目标。

较长的篮球练习和比赛时间会给身体带来体力上的负担。研究表明，上半身无力，更具体地说是肩部肌肉无力，对肩关节运动能力有负面影响，可能会给在比赛进行过程中受伤埋下隐患。有效的上半身力量和爆发力训练，可让你建立一个抵抗平台来帮助预防伤病。

本章讨论可增强上半身和优化球场表现的力量和爆发力练习。我们重点锻炼胸大肌和胸小肌（如图 5.1a 所示），它们用于产生推的动作，比如在杠铃卧推和俯卧撑中。这些肌肉可帮助你在传球时更有爆发力。头顶上的练习会用到三角肌和稳定性肌肉，比如背阔肌和冈上肌（如图 5.1b 所示）。

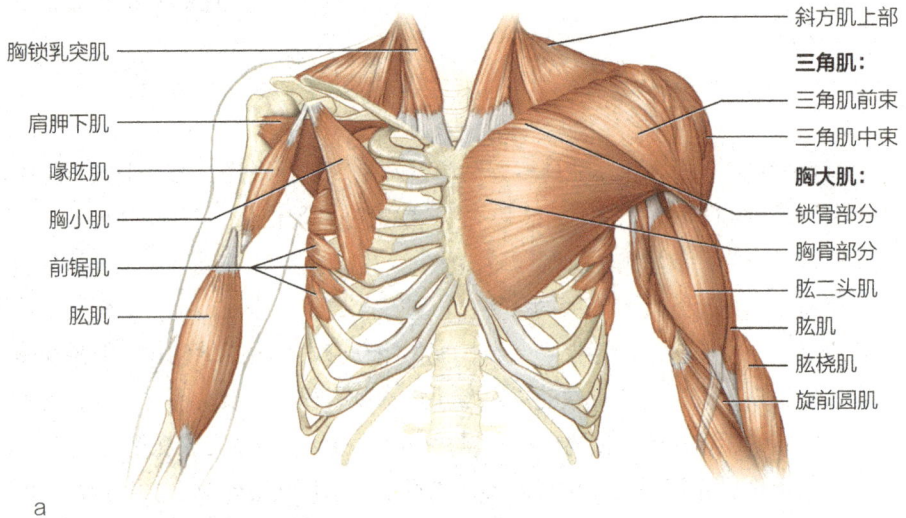

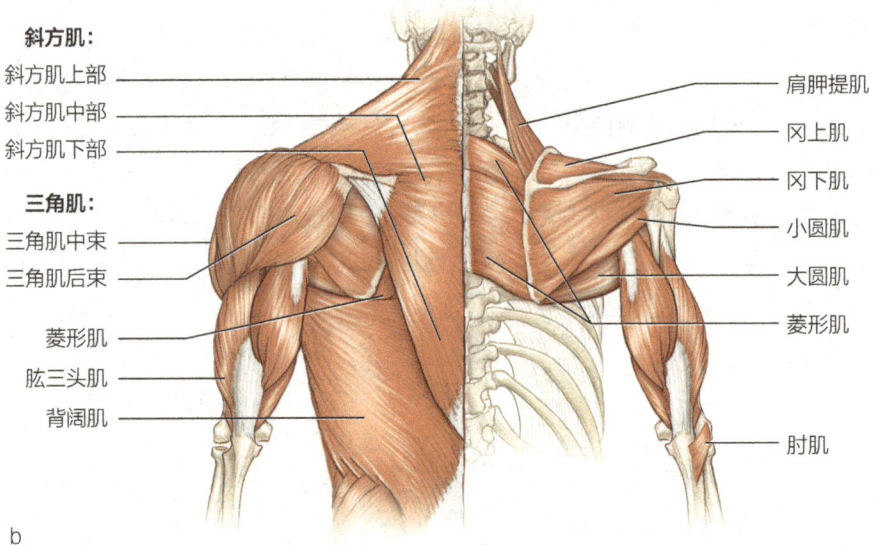

胸锁乳突肌
肩胛下肌
喙肱肌
胸小肌
前锯肌
肱肌

斜方肌上部
三角肌：
三角肌前束
三角肌中束
胸大肌：
锁骨部分
胸骨部分
肱二头肌
肱肌
肱桡肌
旋前圆肌

a

斜方肌：
斜方肌上部
斜方肌中部
斜方肌下部
三角肌：
三角肌中束
三角肌后束
菱形肌
肱三头肌
背阔肌

肩胛提肌
冈上肌
冈下肌
小圆肌
大圆肌
菱形肌
肘肌

b

**图 5.1** 上半身肌肉：（a）前面；（b）后面

以下是本章中的练习：

俯卧撑

杠铃卧推

头顶杠铃推举

借助带子的单臂屈伸

上斜杠铃卧推

单臂 T 杠屈伸

窄握杠铃卧推

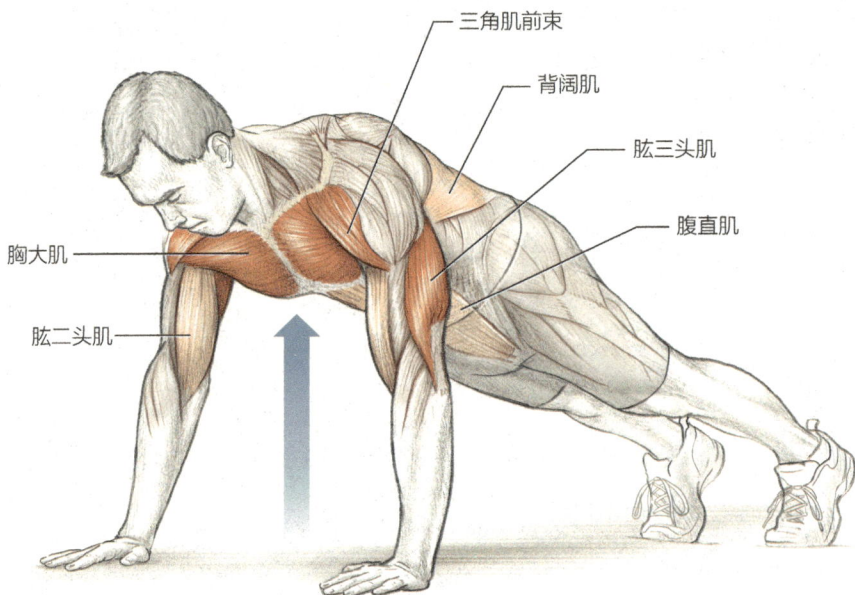

三角肌前束

背阔肌

肱三头肌

腹直肌

胸大肌

肱二头肌

## 训练步骤

1. 俯卧在地上。双手间距比肩稍宽，手指朝前，拇指与胸上部在一条线上。肘部靠近躯干。

2. 保持背部平直并收缩腹肌，手掌推地面，通过伸展手臂将身体移离地面。髋和肩必须同时抬起。

3. 缓慢地将身体降低到开始位置，保持髋和肩部位置并控制下降速度。

4. 进行规定的重复次数。

## 涉及的肌肉

**主要肌群：** 胸大肌、肱三头肌、三角肌前束

**辅助肌群：** 肱二头肌、背阔肌、腹直肌

### 篮球训练要点讲解

俯卧撑是所有运动员以受控的动作移动身体质量的基本练习。俯卧撑锻炼躯干和上臂的关键肌肉，这些肌肉在篮球运动中很重要。它们能够让你在胸前快速传球，使你的团队在建立强有力的攻击阵势时具有优势。用于传球的水平动作可在许多杠铃和哑铃练习中看到。更强壮的上半身在防守对手或掩护队友时也有帮助。

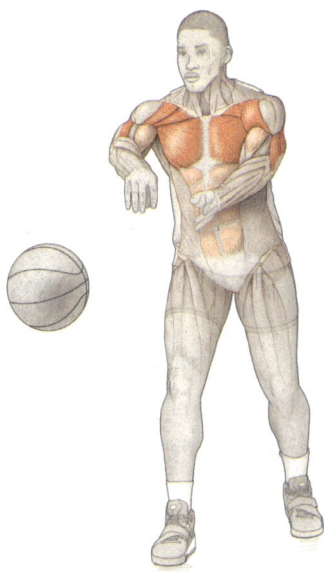

### 变化动作

#### 跪姿俯卧撑

初学者和体力较弱的运动员最初可采用跪姿做俯卧撑，直到上半身力量增强。

#### 平台俯卧撑

高级运动员在做俯卧撑时，可将双脚放在 12~24 英寸（30~60 厘米）高的平台上。

# 杠铃卧推

三角肌前束
肱三头肌
胸大肌

安全提示 进行杠铃卧推时，始终准备一个侧位仪。

## 训练步骤

1. 仰卧在平整的举重床上，膝盖弯曲 90 度，双脚平放在地上。

2. 握住杠铃杆，双手距离比肩稍宽，拇指紧握杠铃杆。

3. 缩回（收缩）肩胛骨来创建一个推动平台，从而将杠铃移离举重床。

4. 完全伸展双臂。

5. 弯曲肘部并保持上臂与身体呈 45 度角，缓慢地降低杠铃，控制下降速度。

6. 继续降低杠铃杆，直到它接触到胸中部（乳头位置）。不要将杠铃杆从胸部弹开。

7. 缓慢、有节制地呼气，同时将杠铃杆推离胸部。保持腰背部平放在举重床上，保持上臂呈 45 度角。将双臂伸展到开始位置。

8. 进行规定的重复次数。

## 涉及的肌肉

**主要肌群：** 胸大肌、胸小肌

**辅助肌群：** 三角肌前束、肱三头肌

### 篮球训练要点讲解

类似于俯卧撑，杠铃卧推是锻炼上半身力量的下一个进阶练习。你必须采用恰当的形式和侧位技术，以预防任何严重的受伤。此练习会用到并加强胸部、肩前部肌肉和肱三头肌。更强壮的上半身能帮助你吸收在篮下出现冲撞时的力量。

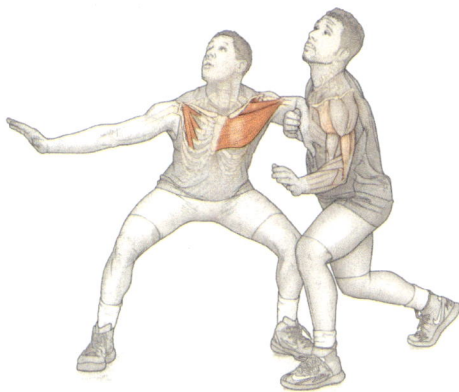

## 变化动作

### 哑铃卧推

使用哑铃进行卧推。

# 头顶杠铃推举

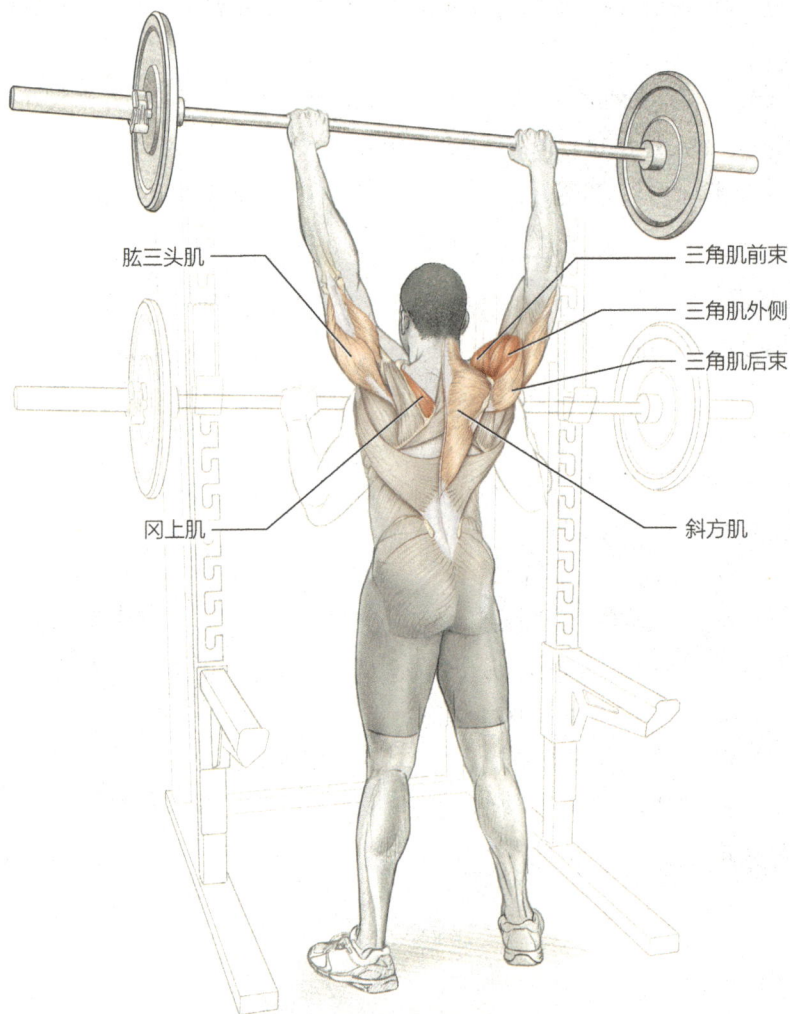

肱三头肌

三角肌前束

三角肌外侧

三角肌后束

冈上肌

斜方肌

**安全提示** ▷ 在朝头顶上推举杠铃时，不要弓起或过度伸展腰部。

## 训练步骤

1. 站在深蹲架前，杠铃约位于上胸部高度位置。

2. 走向深蹲架，直到上胸部接触杠铃杆。

3. 握住杠铃杆，双手距离比肩稍宽，拇指握紧杠铃杆。

4. 将杠铃杆稍微抬离深蹲架，将它放在上胸部和三角肌前束上。

5. 后退一步或两步，双脚位置比肩稍宽。

6. 保持直立姿势，深吸一口气，缓慢、有节制地呼出（像在杠铃卧推中一样），同时完全伸展双臂来将杠铃举过头顶。杠铃应直接举过头顶，最后双臂完全伸展且与双耳在一条线上。

7. 缓慢地将杠铃杆降低到上胸部，控制下降速度并保持直立姿势。

8. 进行规定的重复次数。

## 涉及的肌肉

**主要肌群：** 三角肌前束、三角肌外侧、冈上肌

**辅助肌群：** 胸大肌、三角肌后束、斜方肌、冈上肌、肱三头肌

### 篮球训练要点讲解

许多运动员在头顶练习方面最薄弱。与杠铃卧推一样，你需要采取恰当的形式以免受伤。正确进行该训练时，头顶杠铃推举会使用三角肌前束、三角肌外侧、冈上肌和肱三头肌。因为此练习是在站姿下完成的，所以必须激活腹直肌和背伸肌来稳定躯干。头顶杠铃推举可增强上半身和肩部力量，这是投篮和抢篮板球所必需的。

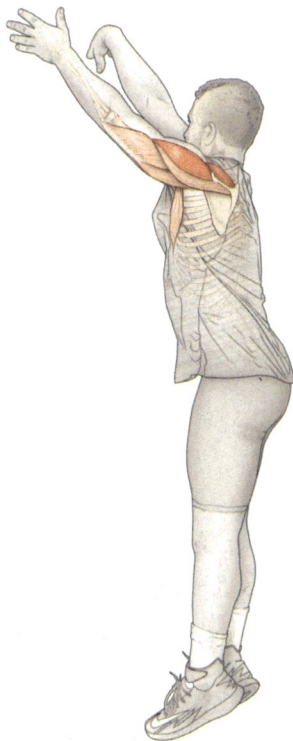

### 变化动作

#### 坐姿头顶哑铃推举

作为变化动作，可坐着使用哑铃来进行此练习。

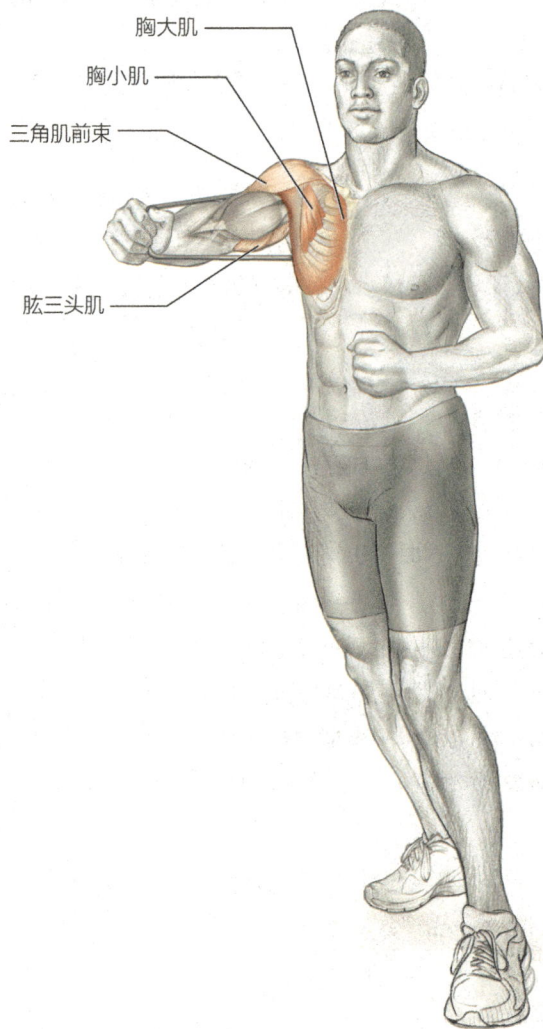

胸大肌

胸小肌

三角肌前束

肱三头肌

推式练习

**训练步骤**

1. 将一根练习带紧紧绑在一个牢固的物体上。将练习带缠绕在右手手掌上。

2. 转身 180 度，面朝与练习带固定处相反的方向。朝前走，直到通过带子获得想要的拉力。

3. 左腿在右腿前，呈前后站立姿势。

4. 将右肘弯曲 90 度，保持一只手臂在身体旁边。

5. 保持稳定的姿势和站姿，通过朝前伸展肘部和肩部来向前推带子，激发一种推举动作。将带子保持在肩膀高度并始终控制住带子。

6. 缓慢、有节制地将手臂返回到开始位置。

7. 将带子缠在左手上，采用右脚在前的前后站立姿势，重复该动作。

8. 进行规定的重复次数。

## 涉及的肌肉

**主要肌群：** 胸大肌、胸小肌

**辅助肌群：** 三角肌前束、肱三头肌

### 篮球训练要点讲解

如果无法去健身房或者手边没有重物，一种不错的方法是用具有足够阻力的橡皮筋或橡皮管。这种单臂屈伸的变化动作对非主导性、薄弱的身体一侧很有帮助，可锻炼胸大肌、胸小肌和三角肌前束。因为你处于前后站立姿势，所以此练习会用到稳定躯干的肌肉。此练习锻炼传球和控球所需的肩部力量。如果遇到防守者挡住上篮路线，你也需要上半身力量。

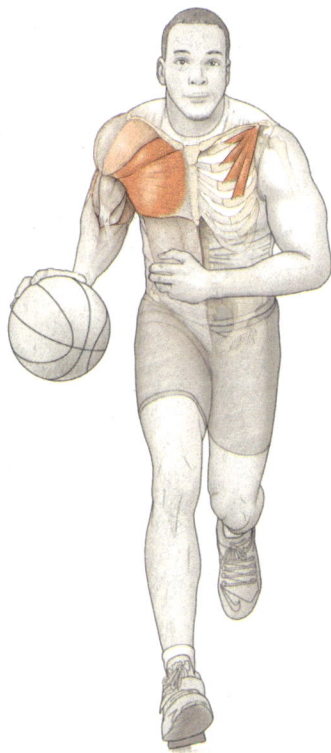

# 上斜杠铃卧推

胸大肌

胸小肌

三角肌前束　肱三头肌

**安全提示** 进行上斜杠铃卧推时，始终准备一个侧位仪。

## 训练步骤

1. 坐在倾斜 45 度的举重床或可调节的举重床上。背、肩和头接触举重床。

2. 双脚平稳地放在地上。握住杠铃杆，双手距离比肩稍宽，拇指握紧杠铃杆。

3. 缩回肩胛骨，为推举建立一个支称点。

4. 伸展肘部来升起杠铃杆，直到杠铃杆处于视平线上。

5. 弯曲肘部，缓慢降低杠铃杆，控制下降速度。保持上臂与身体呈 45 度角，直到杠铃接触上胸部。一定不要将杠铃杆从胸部弹开。

6. 有节制地呼气，同时将杠铃杆推离胸部。在将手臂伸展到开始位置时，保持腰背部平放在举重床上。

7. 进行规定的重复次数。

## 涉及的肌肉

**主要肌群:** 胸大肌、胸小肌、三角肌前束
**辅助肌群:** 三角肌外侧、肱三头肌

### 篮球训练要点讲解

此练习类似于锻炼上半身力量的杠铃卧推。上斜位置针对的是胸部肌群（主要是上胸部），比平放卧推更注重三角肌前束和肱三头肌。根据所使用的器械，倾斜的角度可能不同。标准倾斜角度通常为 45 度，但根据舒适度水平，一些运动员可能更喜欢选择 60 度。上半身力量可帮助你在进行胸前传球时力量更大，还能在篮下守住位置。

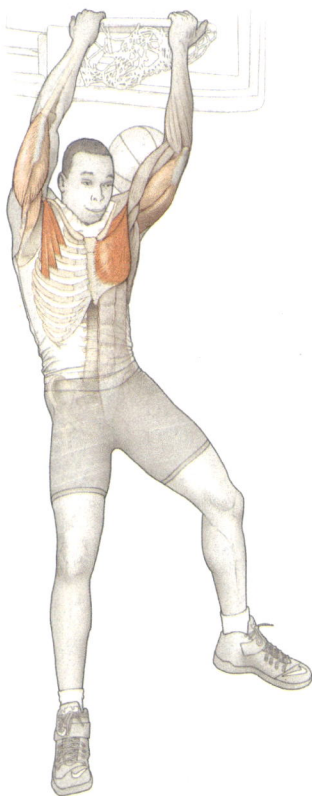

## 变化动作

### 上斜哑铃卧推

可使用哑铃进行此练习。

# 单臂 T 杠屈伸

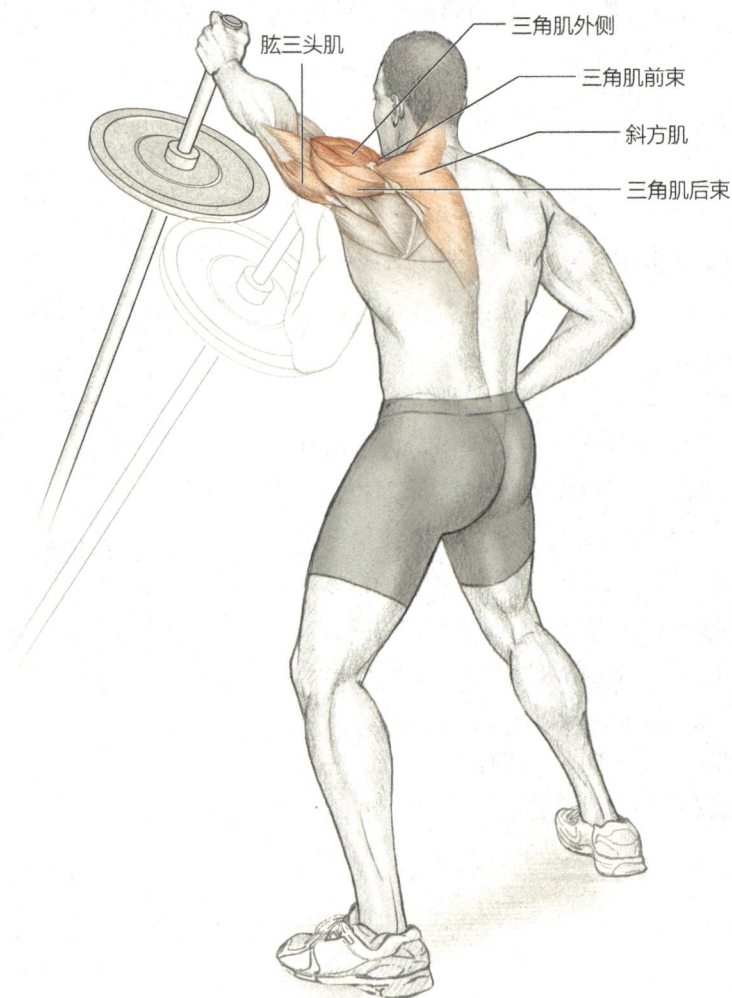

肱三头肌

三角肌外侧

三角肌前束

斜方肌

三角肌后束

## 训练步骤

1. 将杠铃的一端放在 T 杠装置中。如果没有 T 杠装置，可将杠铃的一端放在墙角。

2. 在杠铃的另一端装上合适的重铁片。

3. 以防御姿势站立，髋和膝盖弯曲，用左手握住杠铃杆重的一端并抬起杠铃杆，朝前旋转肘部，使杠铃杆静止在手掌中与肩同高。保持肘部位置靠近身体。

4. 保持稳定的防御站姿，朝上前方伸展握住杠铃的手臂，直到手臂完全伸展。

5. 缓慢地将杠铃降低到开始位置。进行规定的重复次数。

6. 使用右臂重复练习。

## 涉及的肌肉

**主要肌群：** 三角肌前束、三角肌外侧、冈上肌

**辅助肌群：** 胸大肌、三角肌后束、斜方肌、肱三头肌

### 篮球训练要点讲解

这不是传统的单臂练习，而是锻炼肩部力量的一种替代性练习。单臂T杠屈伸对锻炼三角肌前束和外侧很有帮助。使用单臂动作也会提高肩部和躯干的稳定性。

此练习模拟带球上篮或扣篮时看到的头顶位置。拥有更强壮的肩部在跳起抢篮板球时很有用。

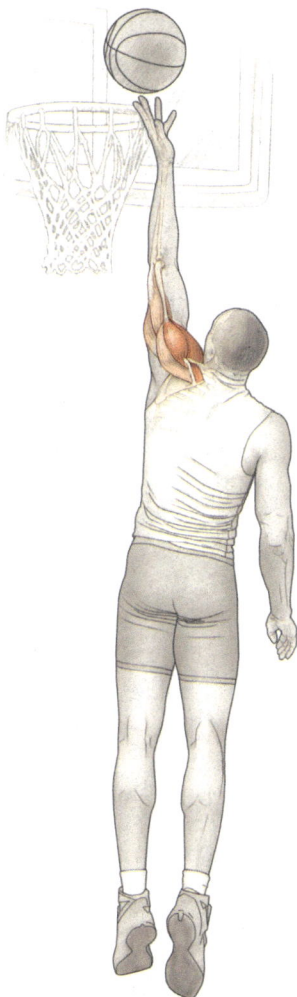

### 变化动作

### 双臂T杠屈伸

可用两只手握住杠铃杆来进行此练习。

### 前后站姿T杠屈伸

可采用前后站姿进行此练习。

# 窄握杠铃卧推

肘肌　　肱三头肌　　胸大肌

**安全提示** ▶ 练习期间应准备一个侧位仪。

## 训练步骤

1. 平躺在举重床上，膝盖弯曲 90 度，双脚平放在地上。

2. 双手距离比肩膀稍窄（更靠近胸中部区域），握住杠铃，拇指紧握杠铃杆。

3. 缩回肩胛骨，为推举建立一个平台。伸展手臂，将杠铃举到视平线上。

4. 弯曲肘部并保持上臂与身体呈 45 度角，缓慢地降低杠铃，控制下降速度。杠铃应下降至接触胸中部（乳头）。一定不要将杠铃杆从胸部弹开。

5. 缓慢、有节制地呼气，同时将杠铃杆推离胸部。保持腰背部平放在举重床上。

6. 伸展双臂，同时将上臂保持在与身体呈 45 度角位置，返回到开始位置。

7. 进行规定的重复次数。

## 涉及的肌肉

**主要肌群：** 肱三头肌、胸大肌

**辅助肌群：** 胸小肌、三角肌前束、肘肌

### 篮球训练要点讲解

窄握杠铃卧推类似于平放杠铃卧推，但更加注重肱三头肌和胸大肌的锻炼。窄握杠铃卧推有助于锻炼力量，帮助封盖投篮或挡开尝试抢断的对手。此练习可锻炼上半身的力量，使你在胸前传球时变得更强壮和更有爆发力。

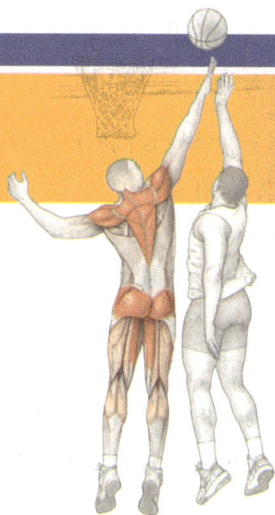

# 第 6 章

# 针对篮上运动的爆发性举重训练

爆发性举重训练旨在锻炼人体的爆发力。动作的质量与产生会导致移位的力有关。这会让肌肉发力来将重物举过指定的距离。所做的功与为导致移位而产生的肌力的持续时间没有关系。力量可使用这个公式来表示：

$$功 = 力 \times 距离$$

举起重物时，比如在深蹲、硬拉和卧推中，这些力量运动的重复没有时间限制。而另一方面，爆发力的重复产生具有时间限制。爆发力的公式如下：

$$爆发力 = （力 \times 距离）/ 时间$$

因此，在进行以锻炼爆发力为目的的举重训练时，你会在非常短的时间内进行这些类型的练习。尽管两种不同的练习可能做的功相同，但在最短的时间内进行（以最高速度进行）的练习会产生最大的爆发力。要想能够非常快地发力，就离不开最高的发力速度（RFD）。肌肉的 RFD 是指在肌肉收缩的早期阶段产生力的最大增长速度。RFD 是在体育运动中取得成功不可或缺的。大多数运动技能都是在短时间（200 毫秒~300 毫秒）内进行的；产生最大肌力可能会花 500 毫秒的时间。因此，团队中最强壮的运动员并不总是像团队中最有力的运动员那么高效（如图 6.1 所示）。例如，因为加速越过对手或跳得比对手更高的时间有限，所以同可能更强壮但肌肉发力较慢的对手相比，可快速发力的运动员将拥有优势。

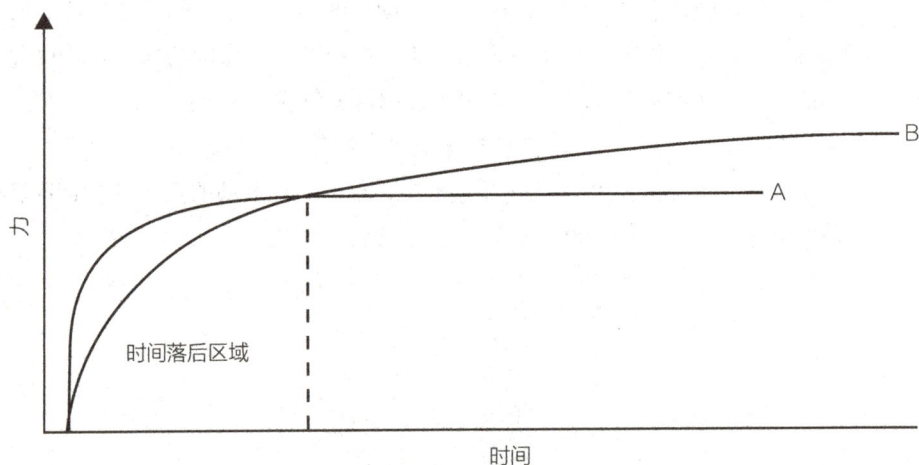

**图 6.1** 运动员 A 和 B 的发力时间历史记录。在时间落后区域中，运动员 A 比运动员 B 更强壮
经 V. M. 扎齐奥尔斯基（V. M. Zatsiorsky）和 W. J. 克莱默（W. J. Kraemer）允许后再印，2006 年，*Science and practice of strength training*, 2nd ed.（Champaign, IL: Human Kinetics），28。

身体力量素质的不断提升并非总是对运动表现有益，在训练计划的某个时间，训练重点应从力量转变为爆发力才能获得最佳的表现。在重点进行爆发力方面的运动之前，你必须确保有强大的力量基础。

本章讨论了如何增强在短时间内发力的能力，进而加强爆发力的练习。注意，对于本章中描述的所有练习，杠铃的垂直移动是腿部和髋部作用的结果，而不是通过手臂拉杠铃实现的。

以下是本章中的练习：

壶铃甩摆

从悬挂位置宽拉

从悬挂位置窄拉

从悬挂位置挺举

从地面挺举

从悬挂位置抓举

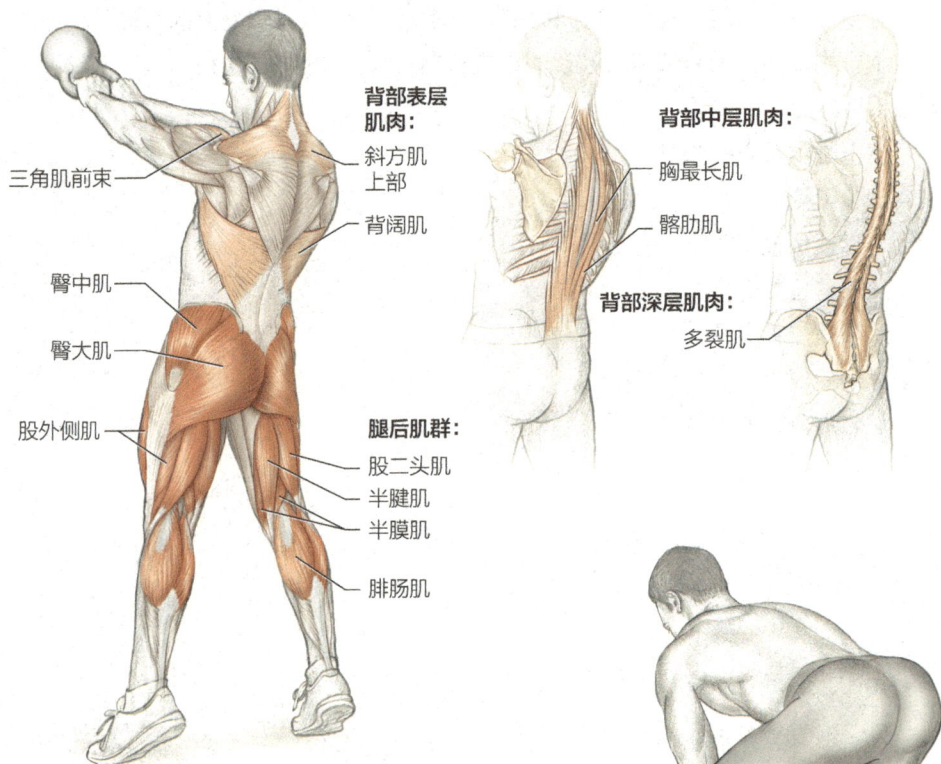

爆发性运动

**背部表层肌肉：**
斜方肌上部
背阔肌

**背部中层肌肉：**
胸最长肌
髂肋肌

**背部深层肌肉：**
多裂肌

三角肌前束

臀中肌

臀大肌

股外侧肌

**腿后肌群：**
股二头肌
半腱肌
半膜肌

腓肠肌

**安全提示** ▷ 尝试此练习之前，必须具有很好的深蹲技术。如果腰背部曾受过伤，请在尝试此练习前咨询教练和医疗专家。

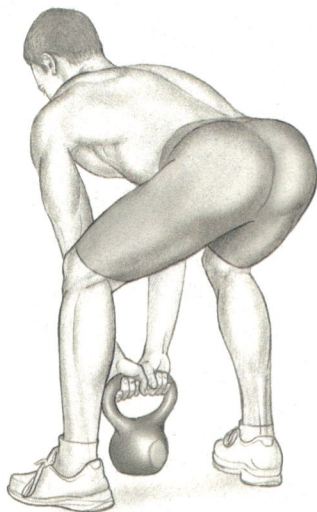

**蹲下并后摆**

## 训练步骤

1. 站立，双手抓住一个壶铃，手臂放松垂于身前，让壶铃位于双腿之间。呈开脚站姿，双脚比肩宽，脚趾稍微朝外。

2. 下蹲，同时保持背部伸直，眼睛和头朝前。降低身体时朝后推髋部，直到壶铃离双腿间的腹股沟具有足够的空隙。

3. 在壶铃伸到身后时，后推前臂而远离腹股沟。壶铃到达其在双腿间的最远点时，立即朝上伸展和朝前推送髋部。这将导致背部直立，壶铃沿一条上升弧前移。

4. 随着壶铃前移，完全伸展手臂，直到壶铃升到胸部高度。不要使用手臂移动壶铃。所有动作应由来自髋部和腿部的动量发起。

5. 壶铃到达胸前的最佳高度后，缓慢下蹲，让壶铃沿其运动弧线降低，保持髋部在后面和背部处于中位。

6. 进行规定的重复次数。

## 涉及的肌肉

**主要肌群：**臀大肌、臀中肌、腿后肌群（半腱肌、股二头肌、半膜肌）、四头肌（股直肌、股外侧肌、股内侧肌、股中间肌）、腓肠肌

**辅助肌群：**三角肌前束、多裂肌、胸最长肌、髂肋肌、背阔肌、斜方肌上部

### 篮球训练要点讲解

壶铃甩摆是一种不错的初步训练，可指导运动员使用送髋和三重伸展运动模式（脚踝、膝盖和髋部伸展），帮助他们完成一系列的奥林匹克式举重练习。三重伸展是跑和跳的重要组成部分。此练习指导你在跑到对手后方或跳起抢篮板球时向地面施加更大的力。球场上良好的爆发力使你能移动速度更快并且跳得高过对手。

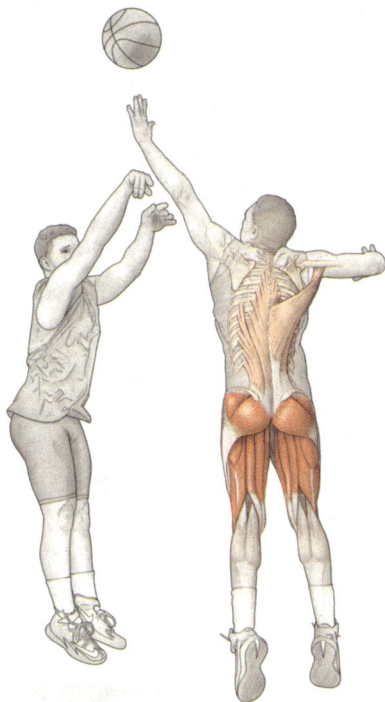

开始位置

三角肌前束

三角肌外侧

斜方肌

臀中肌

臀大肌

股二头肌

半腱肌

半膜肌

股外侧肌

腓肠肌

## 训练步骤

1. 抓住杠铃，双手距离大大宽于肩部。将杠铃放在大腿中部膝盖之上的位置。双肩应稍微越过杠铃（在杠铃前方），双膝微弯，背部打直，头朝正前方。

2. 伸展双腿并同时朝前送髋部，从而向上拉杠铃，随着杠铃朝肩部升高而弯曲肘部。保持杠铃靠近身体，不要让它在此过程中摇晃。

3. 当脚踝、膝盖和髋部完全伸展，杠铃杆达到最高高度时，杠铃应升至胸部高度。

4. 杠铃杆到达最高的高度后，弯曲膝盖并向后送髋部，缓慢减速并将杠铃杆降低到开始位置。

5. 进行规定的重复次数。

## 涉及的肌肉

**主要肌群：** 臀大肌、臀中肌、半腱肌、股外侧肌、股内侧肌、股中间肌、斜方肌、三角肌外侧、三角肌前束

**辅助肌群：** 腓肠肌、股二头肌、半膜肌、股直肌

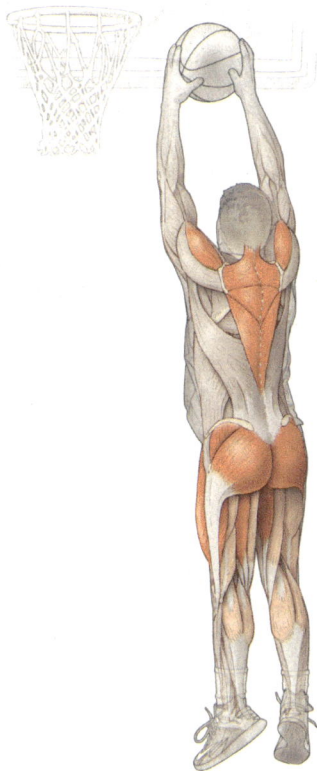

### 篮球训练要点讲解

宽拉是在开始抓举练习之前进行的一种不错的练习。与任何其他技能一样，实践和技巧是完美地完成此练习的重要因素。进行宽拉时产生的力可改善跳跃能力。这种快速、爆发性的活动也会让你在球场上更具爆发力。

开始位置

三角肌前束

三角肌外侧

斜方肌

股二头肌

半腱肌

半膜肌

臀中肌

臀大肌

股外侧肌

腓肠肌

### 训练步骤

1. 抓住杠铃，双手距离比膝盖稍宽。将杠铃放在大腿中部稍高于膝盖的位置，肩膀稍微越过杠铃（在杠铃前方），膝盖微弯，背部打直，头朝正前方。

2. 伸展髋部和双腿来升起杠铃，保持杠铃杆靠近身体，随着杠铃杆上升而弯曲肘部。

3. 当脚踝、膝盖和髋部完全伸展，杠铃杆达到最高高度时，杠铃应升至胸部高度或稍低的位置。

4. 到达最高的杠铃杆高度后，弯曲膝盖并向后送髋部，缓慢减速并将杠铃杆降低到开始位置。

5. 进行规定的重复次数。

## 涉及的肌肉

**主要肌群：**臀大肌、臀中肌、半腱肌、股外侧肌、股内侧肌、股中间肌、斜方肌、三角肌外侧、三角肌前束

**辅助肌群：**腓肠肌、股二头肌、半膜肌、股直肌

### 篮球训练要点讲解

与宽拉练习类似，窄拉是在开始挺举练习之前进行的一种不错的练习。尽管这些练习类似，但可通过改变握法和力量强度来改变训练动作，帮助锻炼积极的训练适应能力。就像任何其他技能一样，实践和技巧是完美地完成此练习的重要因素。窄拉可指导你如何向地面发力和更具爆发性，这些是跳跃和加速所必需的。

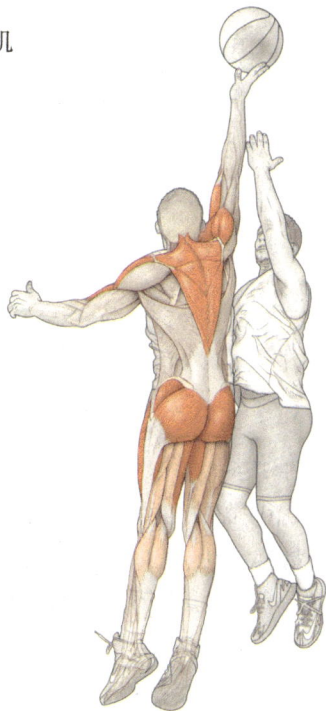

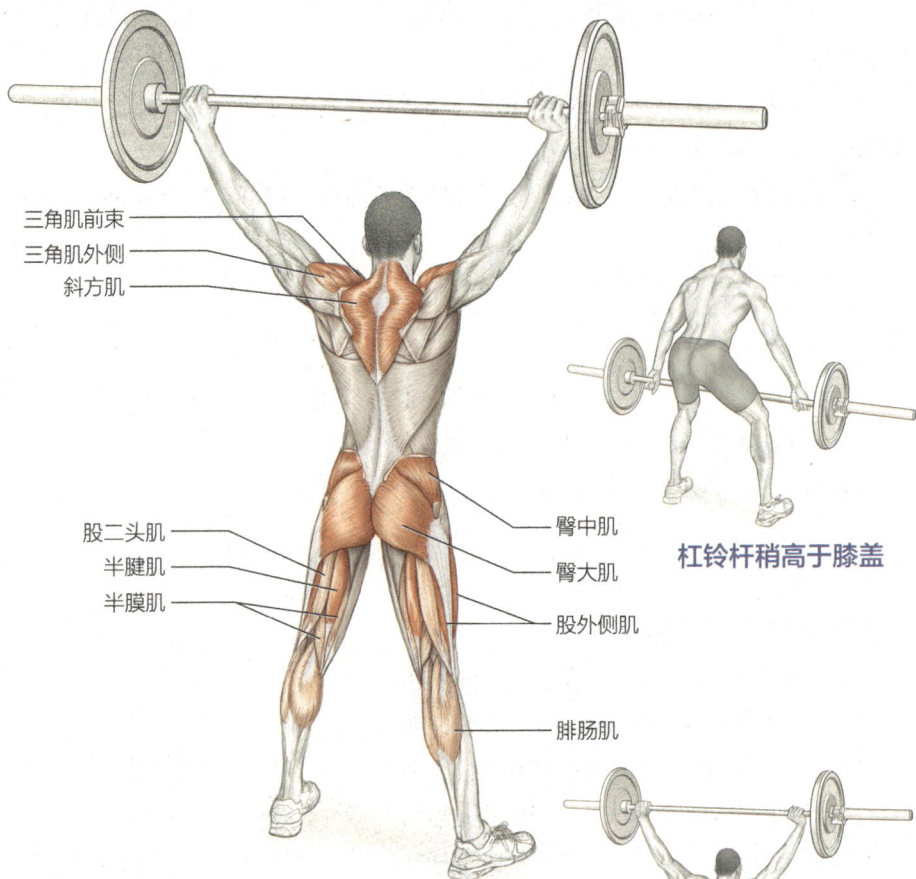

三角肌前束
三角肌外侧
斜方肌

臀中肌

**杠铃杆稍高于膝盖**

股二头肌
半腱肌
半膜肌

臀大肌

股外侧肌

腓肠肌

**三重伸展和耸肩**

### 训练步骤

1. 站在杠铃前，抓住杠铃杆，双手距离大大宽于肩部。将杠铃置于大腿中部、膝盖之上的高度。

2. 抓起杠铃杆后，呈直立姿势，双膝稍微弯曲。

3. 后移髋部，但不要改变膝盖弯曲的角度，将杠铃杆放到稍高于膝盖的位置。

**安全提示** ▶ 这是一种高级练习。进行奥林匹克举重时，应注重正确的形式。举起的质量大小不应是优先因素，尤其是如果你是新手。随着技术改善，再安全且适当地增加质量。

4. 胸部应位于杠铃杆的上前方。上背部伸直，腰背部处于正中位置。双臂放松并完全伸直。

5. 随着髋部前移而快速伸展下肢，继续保持膝盖弯曲，因为这会导致杠铃在腿前上滑。

6. 完全伸展膝盖和脚踝并快速耸肩，使杠铃垂直升起。

7. 杠铃达到最高点后，弯曲膝盖而稍微停止。在练习的最后，当杠铃经过头部并到达头后时，伸展手臂稳住杠铃。

8. 进行规定的重复次数。

## 涉及的肌肉

**主要肌群：**臀大肌、臀中肌、半腱肌、股外侧肌、股内侧肌、股中间肌、斜方肌、三角肌外侧、三角肌前束

**辅助肌群：**腓肠肌、股二头肌、半膜肌、股直肌

### 篮球训练要点讲解

从悬挂位置挺举是一种高级练习。要掌握该形式并找到快速且正确的杠铃移动路线，在最初进行此练习时可使用较轻的质量或仅使用杠铃杆。此练习可锻炼爆发力和全身的力量。将杠铃杆举过头顶有助于加强肩部的稳定性和核心力量，因为你需要稳定头顶上的质量。肩部稳定性和核心力量对在离开地面时保持姿势很重要。挺举的爆发性动作类似于跳投和抢篮板球的动作。

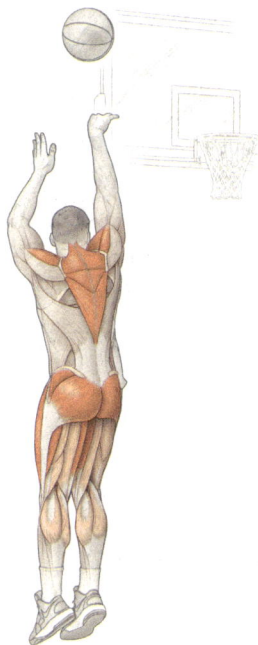

### 变化动作

## 从箱上挺举

开始之前，将杠铃放在各种高度（3~12英寸即8~30厘米）的箱子上。可根据想要的杠铃位置来调整箱子高度。箱子可彼此堆叠，从而将杠铃位置调整到高于膝盖、与膝盖等高或低于膝盖。从各种箱子高度开始练习，可帮助你在动作完全停止状态下产生爆发力。

爆发性运动

开始位置

三角肌前束
三角肌外侧
斜方肌

臀中肌
臀大肌
股直肌
半腱肌
半膜肌
股外侧肌
股二头肌
腓肠肌

## 训练步骤

1. 站在杠铃前，抓住杠铃杆，双手距离大大宽于肩部。

2. 同时抬起髋部和肩膀，将杠铃杆从地面升起。保持杠铃靠近身体，直到它稍高过膝盖。

3. 胸部位于杠铃杆的上前方。上背部伸直，腰背部处于正中位置。双臂放松并完全伸直。

4. 随着髋部前移而快速伸展下肢。当杠铃杆在腿前上滑时，保持膝盖弯曲。

5. 完全伸展膝盖和脚踝并快速耸肩，使杠铃垂直升起。

6. 杠铃达到最高点后，弯曲膝盖而稍微停止。在练习的最后，当杠铃经过头部并到达头后时，伸展手臂稳住杠铃。

7. 进行规定的重复次数。

## 涉及的肌肉

**主要肌群：** 臀大肌、臀中肌、半腱肌、股外侧肌、股内侧肌、股中间肌、斜方肌、三角肌外侧、三角肌前束

**辅助肌群：** 腓肠肌、股二头肌、半膜肌、股直肌

爆发性运动

### 篮球训练要点讲解

开始时将杠铃放在地上，是挺举的最高级变化动作。此位置对个子较高的运动员可能很困难，因为它需要良好的关节活动性和肌肉柔韧性来保持初始位置姿势。如果使用这种最初的练习位置，髋部和肩膀必须同时提升，以开始该练习的第一次提拉。随着不断的提升，杠铃应保持靠近身体，直到位于膝盖上方。

将重物从地面举起有助于提高加速能力。可将此比作美国纳斯卡赛车手。驾驶员在赛道上行驶的过程中，想要超过对手就要加速。因此，在加速之前有一个准备动作（围绕赛道行驶）。从地面举起杠铃时，将杠铃杆拉至膝盖高度的缓慢准备动作，发生在杠铃到达膝盖后发生的加速动作之前。

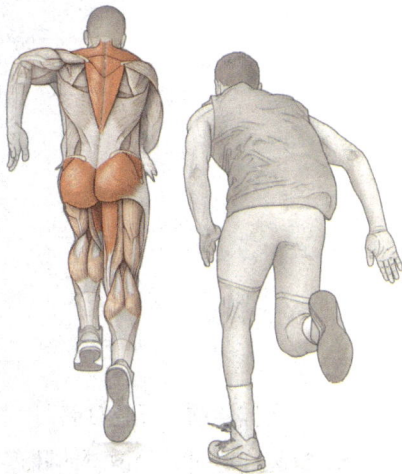

# 从悬挂位置高翻

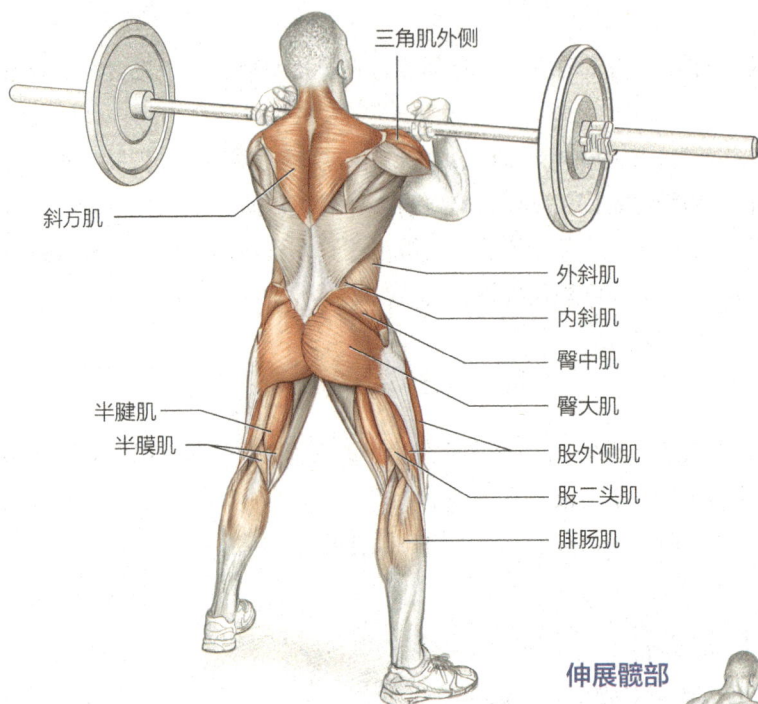

三角肌外侧

斜方肌

外斜肌

内斜肌

臀中肌

臀大肌

半腱肌

半膜肌

股外侧肌

股二头肌

腓肠肌

**伸展髋部**

## 训练步骤

1. 站在杠铃前，抓住杠铃杆，双手距离比膝盖距离稍宽。

2. 提起杠铃时，稍微弯曲膝盖。

3. 后移髋部并保持膝盖弯曲的角度，将杠铃杆降低到稍高于膝盖的位置。

4. 胸部应位于杠铃上前方，上背部伸直，腰背部稍微弓起。手臂应放松并完全伸展。

5. 朝上前方伸展髋部，同时保持膝盖稍微弯曲，使杠铃在腿前上滑。

6. 完全伸展膝盖和脚踝并快速耸肩，使杠铃垂直升起。

7. 杠铃到达其最高点时，朝上和内侧旋转肘部以稳住杠铃杆。杠铃将停留在双肩和锁骨上。

8. 进行规定的重复次数。

## 涉及的肌肉

**主要肌群：** 臀大肌、臀中肌、半腱肌、股外侧肌、股内侧肌、股中间肌、斜方肌、三角肌外侧、三角肌前束

**辅助肌群：** 腓肠肌、股二头肌、半膜肌、股直肌、腹直肌、内斜肌、外斜肌

### 篮球训练要点讲解

类似于挺举，从悬挂位置抓举是一种高级练习，需要使用正确的技术。最初进行此练习时使用较轻的质量或仅使用杠铃杆，以掌握技术并找到快速移动杠铃的路线。此练习锻炼爆发力和全身的力量。熟悉此练习后，锻炼向地面发出更大的力，这会改善你的跳高能力和更快加速的能力。抓举是一种全身练习，会用到股四头肌、腿后肌群和腹肌，并在杠铃停在肩上时稳定质量。这对抵挡你在空中时受到的身体接触很重要，比如在尝试带球上篮时或在抢篮板球时。

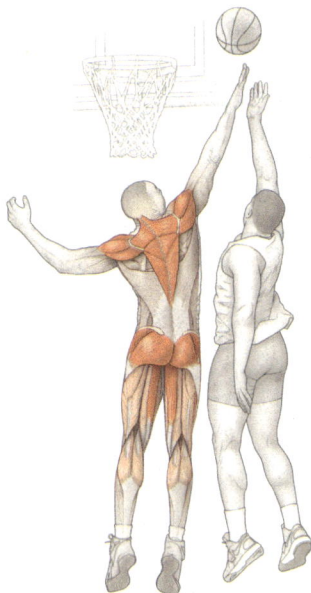

## 变化动作

### 从箱上抓举

与从箱上挺举练习中介绍的一样，可根据想要的杠铃位置来调整箱子高度，从而将杠铃位置调整到膝盖上方、与膝盖等高或膝盖下方。

### 从地面抓举

练习开始时将杠铃杆放在地上，这是抓举的最高级变化动作。此位置对个子较高的运动员可能很困难，因为它需要极好的关节活动性和肌肉柔韧性来保持初始位置。如果从这种位置开始，髋部和肩膀需要同时升起，才能开始第一次提拉。随着不断提升，杠铃杆应保持靠近身体，直到它位于膝盖上方。从地面开始抓举，需要更高的技术熟练度和更大的力量，然后再过渡到注重高速爆发力输出的训练。

# 第 7 章

# 加速起步和比赛反应速度的肌肉增强训练

**在**比赛中，跳得最高和移动速度最快的运动员与对手相比具有明显的优势。一种增强体能的训练方法是肌肉增强训练。肌肉增强训练涉及在对一个肌腱单元进行拉长式（离心收缩）预拉伸后，立即快速缩短（向心收缩）它。此过程发生在拉伸－缩短周期（SSC）中，是肌肉增强训练过程的基本部分。通过正确进行肌肉增强训练，SSC 会提高肌腱单元在非常短的时间内发出最大力的能力。

尝试跳投但投篮未中时，着地后你可能要立即再次跳起，争抢篮板球。最初跳起投篮着地时，下肢肌肉（包括股四头肌和腓肠肌）由于被拉长而拉伸（髋部和双膝随脚踝背屈而弯曲），然后会在尝试抢篮板球立即跳起时缩短。在此过程中，存在从肌肉的离心拉长到随后的向心缩短（收缩）的短暂过渡，这称为触地阶段。

　　触地阶段是肌肉活动的一种准等轴阶段，在此过程中，肌肉拉长期间产生的势能会转变为运动期间收缩肌所使用的动能。触地阶段是肌肉增强训练成功的关键。在触地阶段中，停留在地上的时间越长，那么作为运动中的热量而损失的势能就越大。因此，在肌肉增强活动中，肌腱单元拉伸的速率而不是距离会导致更有力的肌肉输出。拉伸发生的速度是一个决定目标爆发性肌肉收缩可使用多少能量的重要因素。

　　肌肉增强训练被视为填补了最大力量水平与运动相关爆发力和速度之间的空白。开始肌肉增强训练之前，你需要良好的力量基础且没有受伤。另外你要知道，运动表现的最大改进要求你同时进行爆发力和力量训练。爆发力训练比单独的力量训练能更好地提升你的运动素质。

以下是本章中的练习:

## 下半身肌肉增强训练

团身跳

单脚跨栏跳

深跳转跳投

多箱跳跃

溜冰式跳跃

分腿跳转跑

## 上半身肌肉增强训练

转步胸传健身球

健身球扣篮转纵跳

健身球俯卧撑

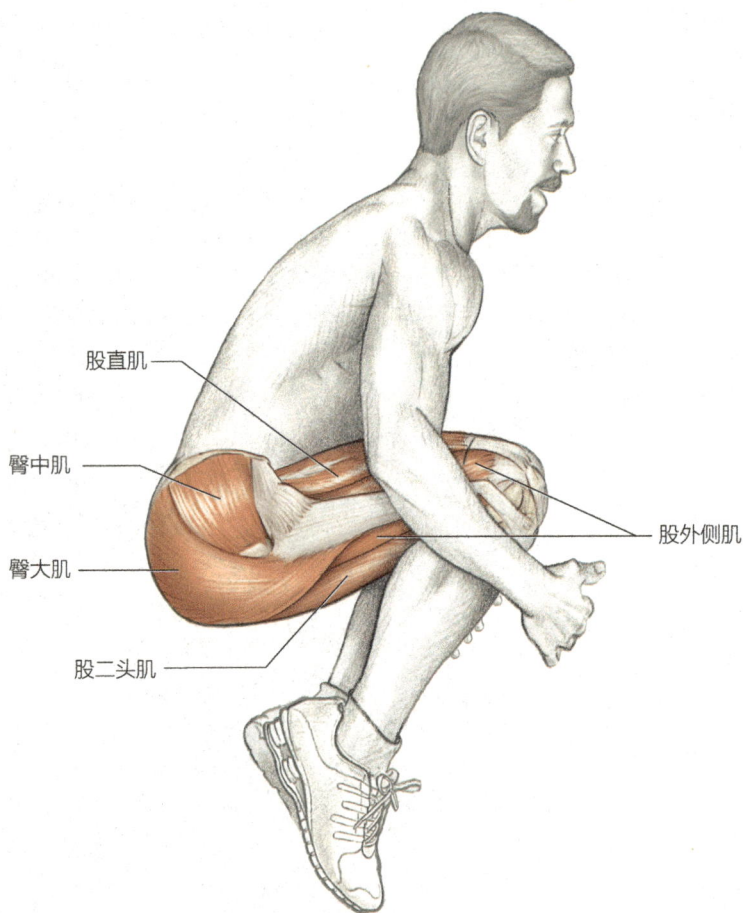

股直肌

臀中肌

臀大肌

股二头肌

股外侧肌

## 训练步骤

1. 站立，双脚比肩稍宽。双臂放于身体两侧。

2. 弯曲膝盖、髋部和躯干，缓慢朝地面下降，快速伸展身体，同时双臂上抛而立即纵跳。双膝朝胸部弯曲（髋和膝应呈 90 度角），同时用双臂环绕双膝。

3. 伸展身体时松开双臂。温和地着地，弯曲膝盖、髋部和躯干来减少冲击力。快速重复该动作，通过弯曲膝盖、髋部和躯干而跳跃。

4. 进行规定的时间或重复次数。

## 涉及的肌肉

**起跳时的主要肌群：** 臀大肌、臀中肌、股四头肌（腹直肌、股外侧肌、股中间肌、股内侧肌）

**着地时的主要肌群：** 臀大肌、臀中肌、股四头肌（腹直肌、股外侧肌、股中间肌、股内侧肌）、股二头肌、半膜肌、半腱肌

### 篮球训练要点讲解

团身跳可让你在抢篮板球时跳得更高并且反应速度更快。跳跃也是其他篮球运动技能的一个关键要素，比如带球上篮、跳起盖帽或进行扣篮。强壮的股四头肌、腿后肌群和腓肠肌会帮助你跳得更高。基本的团身跳练习可增加肌肉力量和快速反应的能力。

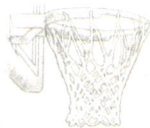

# 单脚跨栏跳

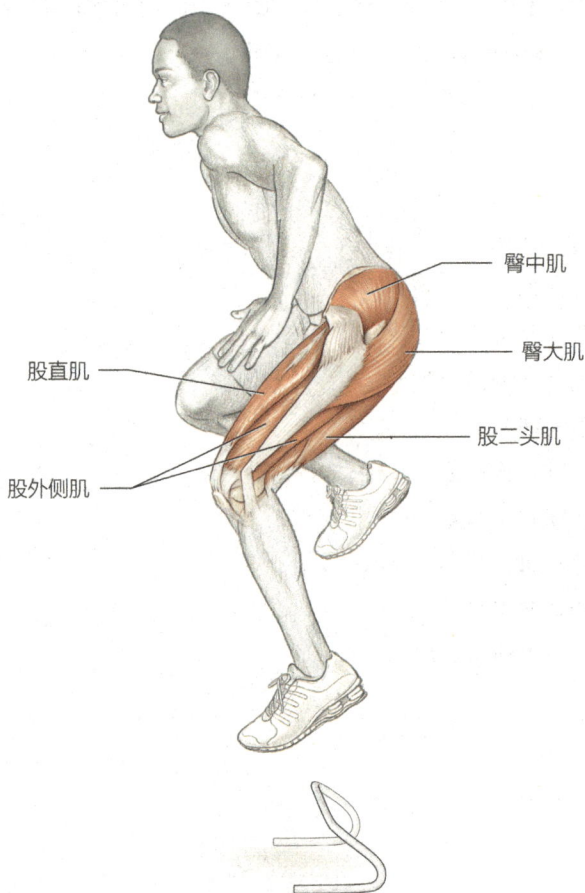

臀中肌

臀大肌

股直肌

股二头肌

股外侧肌

**安全提示** ▷ 尝试单脚跳之前，必须能熟练地进行双腿跨栏跳。

**训练步骤**

1. 为此练习选择合适的跳栏高度，比如 6~12 英寸（15~30 厘米）的跳栏。将 3~5 个跳栏放在一条线上，彼此间隔 2~3 英尺（60~90 厘米）。

2. 单脚站立，脚朝向正前方且与肩膀在一条线上。双臂放于身体两侧。

3. 弯曲支撑腿的膝盖、髋部和躯干，缓慢地朝地面降低并用一条腿立即纵跳。快速伸展身体，同时双臂上抛，推动身体跨过跳栏。

4. 以同一只脚温和地着地，稍微弯曲膝盖、髋部和躯干来吸收冲击力。着地后，用同一条腿立即跳过下一个跳栏。进行规定的跳栏或重复次数。用另一条腿重复此练习。

## 涉及的肌肉

**起跳时的主要肌群：** 臀大肌、臀中肌、四头肌（腹直肌、股外侧肌、股中间肌、股内侧肌）

**着地时的主要肌群：** 臀大肌、臀中肌、股四头肌（腹直肌、股外侧肌、股中间肌、股内侧肌）、股二头肌、半膜肌、半腱肌

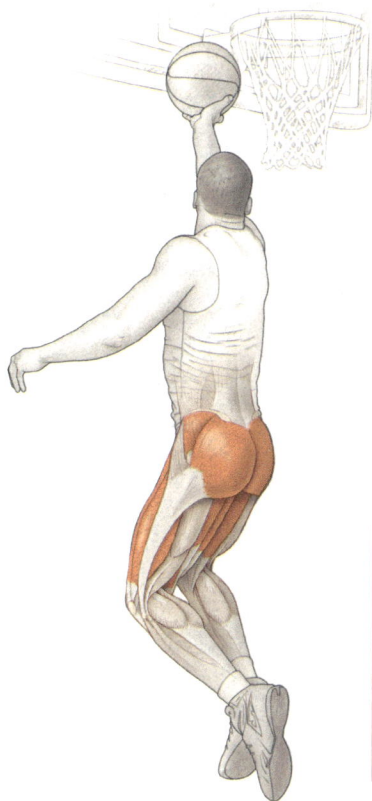

### 篮球训练要点讲解

单脚跨栏跳能提高快速从地面跳起的能力。这可帮助你在带球上篮或跳起抢篮板球时表现更出色。单脚跳时的爆发性在篮球运动中不可或缺。如果没有跳栏，进行此练习时可不使用它们，只需朝前跳得尽可能高。

## 变化动作

### 双脚跨栏跳

进行同样的练习，但使用双脚推动身体跨过跳栏。

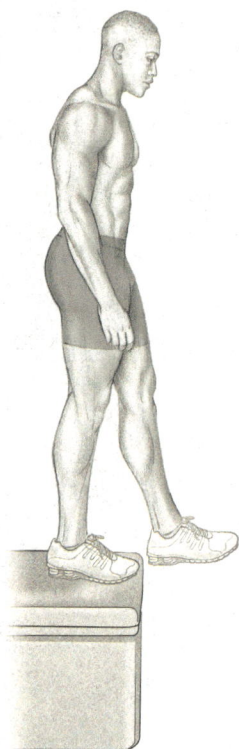

站在箱子上

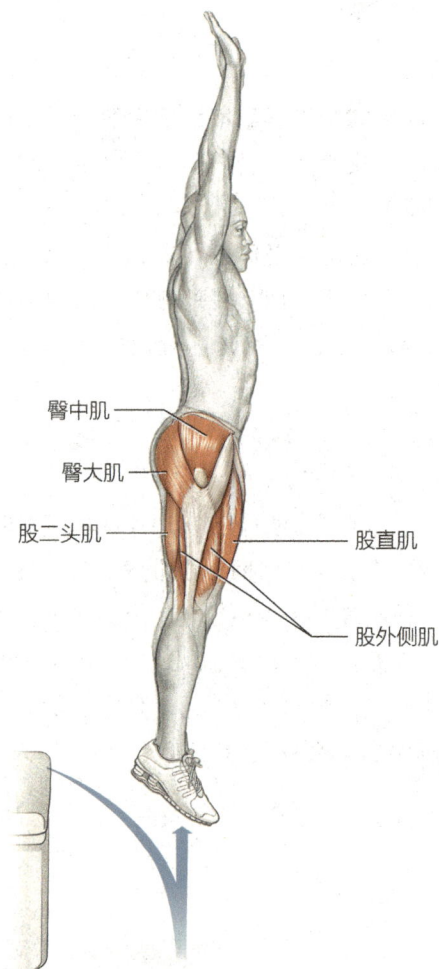

臀中肌

臀大肌

股二头肌

股直肌

股外侧肌

## 训练步骤

1. 依据你的力量和运动能力，站在规定高度［12~30 英寸（30~75 厘米）］的箱子上。身体靠近箱子边缘，朝前跨步（不要跳）以朝地面降低身体。

2. 双脚同时接触地面，然后立即快速跳起来模拟跳投。

3. 进行规定的时间或重复次数。

## 涉及的肌肉

**起跳时的主要肌群：**臀大肌、臀中肌、股四头肌（腹直肌、股外侧肌、股中间肌、股内侧肌）

**着地时的主要肌群：**臀大肌、臀中肌、股四头肌（腹直肌、股外侧肌、股中间肌、股内侧肌）、股二头肌、半膜肌、半腱肌

### 篮球训练要点讲解

深跳转跳投在模拟跳投的同时，还可改善你从对手头顶投篮的能力。选择一个高度合适的箱子，直到明显改善了力量和运动能力。从一定高度跳起会拉长股四头肌和腓肠肌，并朝地面施力来跳得尽可能高，进而帮助你减速。模拟跳投会改善模仿比赛独有动作的能力。

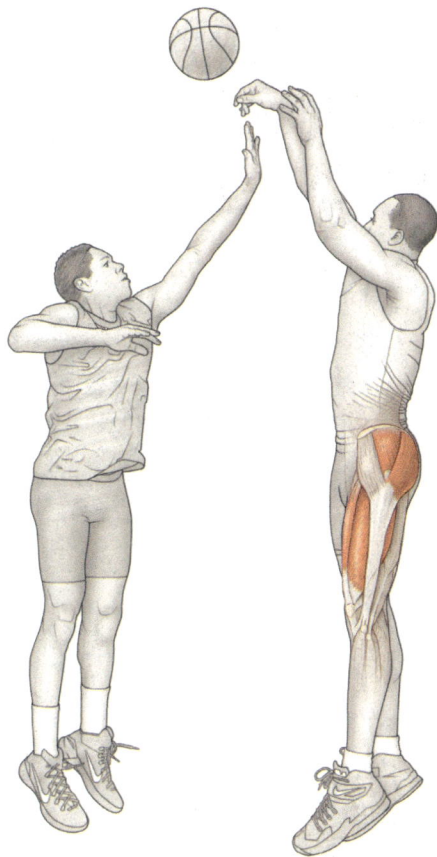

## 变化动作

### 矮箱深跳转跳投

在较矮的箱子上进行同样的练习，直到力量和运动能力得到明显的改善。

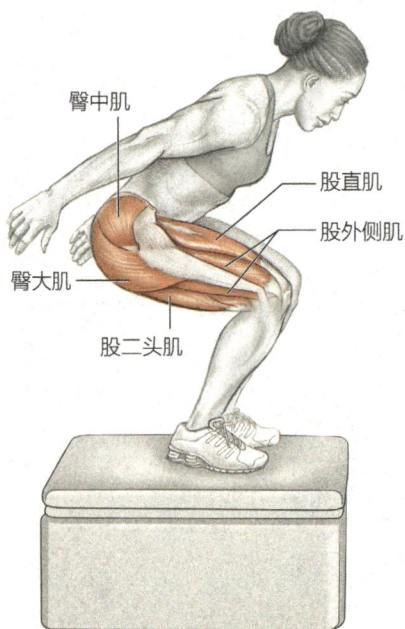

臀中肌
股直肌
股外侧肌
臀大肌
股二头肌

## 训练步骤

1. 依据你的力量和运动能力，面朝一排具有规定高度［12~30 英寸（30~75 厘米）］的箱子站立。站立位置离第一个箱子 1~2 英尺（30~60 厘米）远，双脚差不多与肩同宽。

2. 弯曲膝盖、髋部和躯干，缓慢地朝地面降低身体，然后通过快速伸展身体，同时上甩双臂从而跳向第一个箱子。温和地落在该箱子上，弯曲膝盖、髋部和躯干来减少冲击力。

3. 落在第一个箱子上时，立即从箱子上跳向地面。触地时，迅速跳到下一个箱子上，在规定数量的箱子上继续进行此训练。

## 涉及的肌肉

**起跳时的主要肌群：** 臀大肌、臀中肌、股四头肌（腹直肌、股外侧肌、股中间肌、股内侧肌）

**着地时的主要肌群：** 臀大肌、臀中肌、股四头肌（腹直肌、股外侧肌、股中间肌、股内侧肌）、股二头肌、半膜肌、半腱肌

### 篮球训练要点讲解

多箱跳跃可锻炼更快地从地面作出反应的能力，使你能跳得更高，更好地抢篮板球和跳投，以及提高在球场上的速度。爆发性地跳离地面，使你能摆脱对手并冲向篮筐或在跑动中接住未控制的球。从地面更快地作出反应，还对改变方向来避开防守者或寻求低位转身来传球有所帮助。

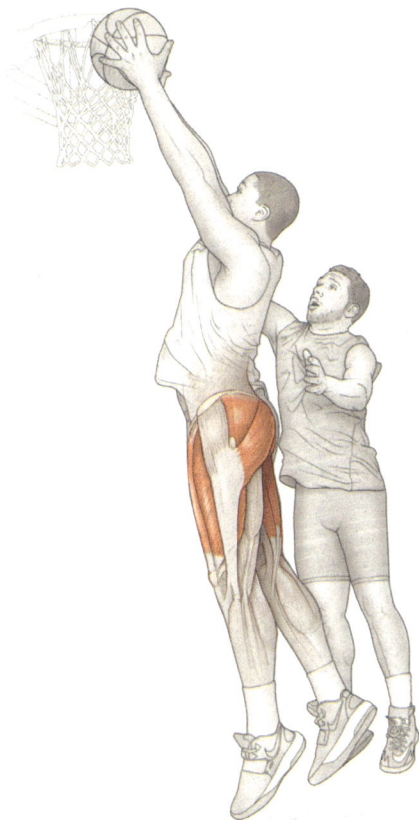

### 变化动作

### 跳远

模拟跳箱练习，但此次进行跳远。进行 3 或 4 次跳远，注重快速跳离地面。

# 溜冰式跳跃

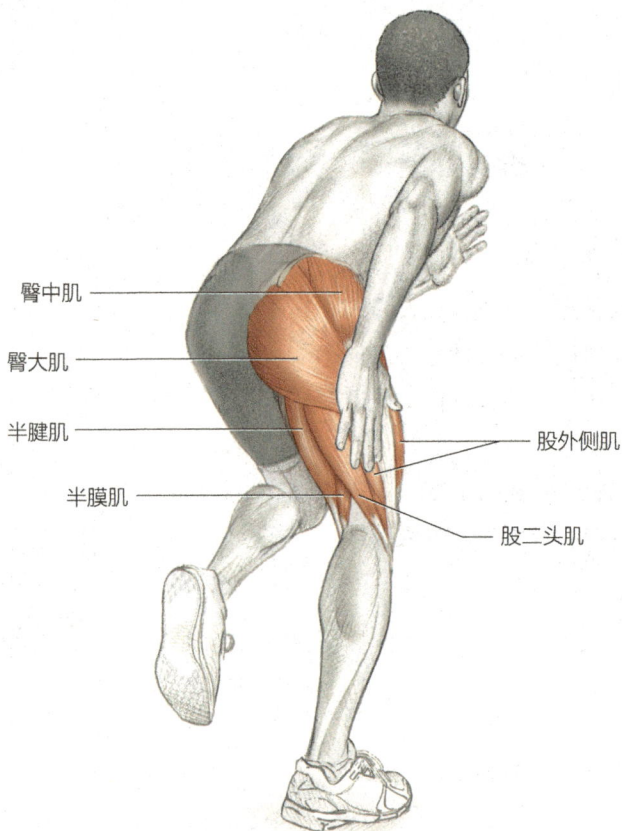

臀中肌

臀大肌

半腱肌

半膜肌

股外侧肌

股二头肌

## 训练步骤

1. 面朝前面，右脚站立，左腿向后，左脚尖触地。

2. 弯曲右腿的膝盖和髋部，跳向左侧，弯曲膝盖和髋部，用左脚温和地着地。

3. 着地后，立即将右腿伸到左腿后面并让右脚尖触地，然后立即跳向右侧，右脚着地。上半身在整个练习中朝向前面。

4. 在练习开始时朝侧面小幅度跳跃，然后增加侧跳距离。

5. 进行规定的重复次数。

## 涉及的肌肉

**起跳时的主要肌群**：臀大肌、臀中肌、股四头肌（腹直肌、股外侧肌、股中间肌、股内侧肌）、阔筋膜张肌

**着地时的主要肌群**：臀大肌、臀中肌、股四头肌（腹直肌、股外侧肌、股中间肌、股内侧肌）、阔筋膜张肌、股二头肌、半膜肌、半腱肌

### 篮球训练要点讲解

此练习可改善你在球场上更快地急转向和发挥更高的侧向爆发力的能力。你必须快速急转向来绕开防守者，并能够在改变方向时快速做出反应。强壮的髋侧肌肉（臀中肌、臀大肌、股外侧肌和阔筋膜张肌）会帮助你对地面施加更大的力，在快速改变方向或进行探步时避开防守者。强壮的髋侧肌肉还有助于预防膝盖受伤，在完成这些快速急转向动作或抢篮板球时吸收部分冲击力。

# 分腿跳转跑

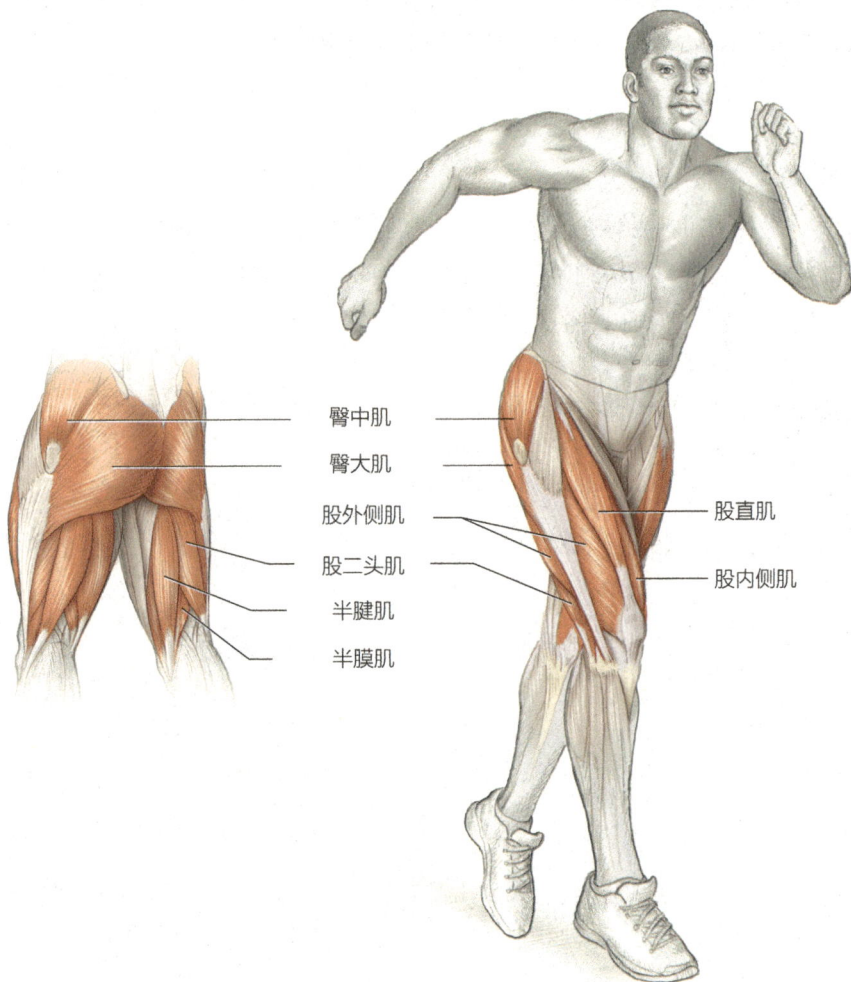

臀中肌

臀大肌

股外侧肌

股二头肌

半腱肌

半膜肌

股直肌

股内侧肌

## 训练步骤

1. 箭步下蹲，前腿伸展，髋部和膝盖弯曲 90 度，前脚朝前。后腿膝盖弯曲 90 度，朝向地面，并与髋部和肩部在一条线上（半跪姿势）。

2. 弹跳两次而不离开地面，然后立即尽可能高地纵跳，同时保持箭步下蹲姿势。双臂应低于肩部，双手置于髋部，以着重使用双腿。

3. 着地时，保持箭步下蹲姿势，弯曲膝盖以吸收力，并立即冲刺规定的距离。

4. 继续练习，更换左右腿位置，进行规定的重复次数和距离。

## 涉及的肌肉

**起跳时的主要肌群：** 臀大肌、臀中肌、股四头肌（腹直肌、股外侧肌、股中间肌、股内侧肌）

**着地时的主要肌群：** 臀大肌、臀中肌、股四头肌（腹直肌、股外侧肌、股中间肌、股内侧肌）、股二头肌、半膜肌、半腱肌

### 篮球训练要点讲解

此练习可帮助你更快地起步，以及在球场上跑动时更具爆发性。在任何运动中，快速起步都对击败对手至关重要。此练习模拟了抢篮板球后着地并展开快攻的情况。它还会训练你使用双脚对地面施加力，然后反应式地朝前冲刺。从箭步下蹲变为跑，会迫使你利用平衡和动量来加速。为了避免受伤，你需要在分腿跳时掌握正确的技巧。

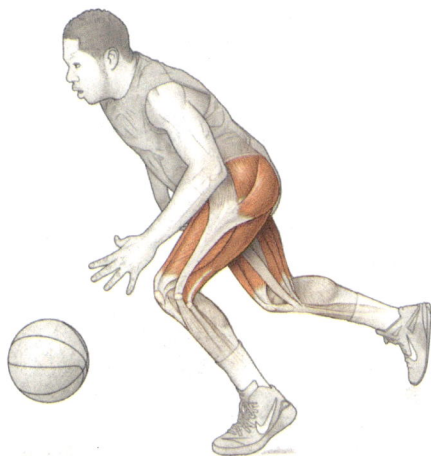

开始位置           转步

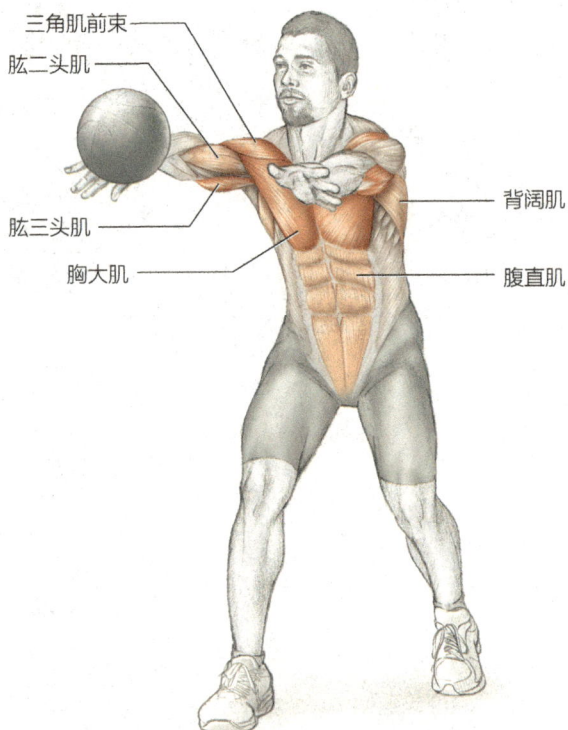

三角肌前束
肱二头肌
肱三头肌
胸大肌
背阔肌
腹直肌

## 训练步骤

1. 面朝墙壁或伙伴站立，双脚约与肩同宽。在规定的高度握住一个健身实心球。稍微弯曲髋部和膝盖，以为练习做准备。

2. 在靠近胸部的位置握住球，双肘弯曲。右脚向右转步，然后通过朝左前方转步而立即返回开始位置。

3. 用力地伸展双臂，将健身实心球抛向墙壁或伙伴。

4. 在健身实心球向你弹回时，接球时缓慢地朝胸部减慢球速。

5. 在右侧和左侧进行规定的重复或抛球次数。

## 涉及的肌肉

**主要肌群：** 胸大肌、胸小肌、肱三头肌、三角肌前束

**辅助肌群：** 肱二头肌、背阔肌、腹直肌

### 篮球训练要点讲解

此练习可锻炼快速探步和爆发性的胸前传球能力。通过上半身发力来更快地传球，会让你抓住正确的传球时机，避开试图拦截传球的防守者。锻炼步法来改变方向和佯攻对手，可让你更轻松地切入并冲到篮筐下。

扣篮

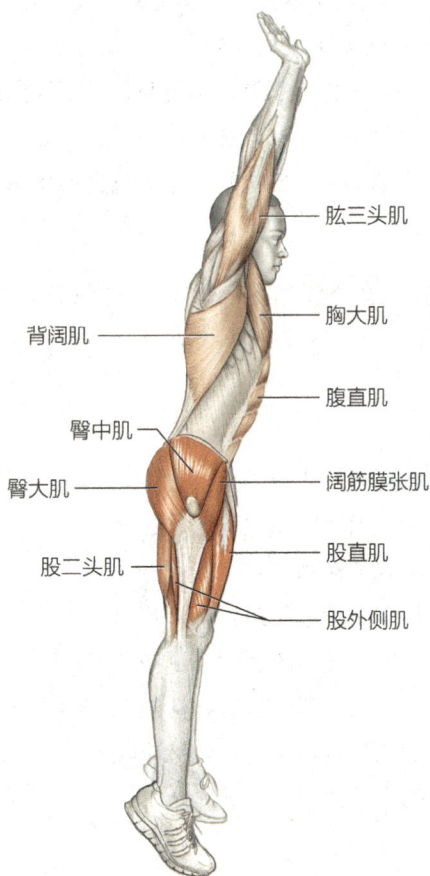

肱三头肌

胸大肌

背阔肌

腹直肌

臀中肌

阔筋膜张肌

臀大肌

股直肌

股二头肌

股外侧肌

## 训练步骤

1. 站立，双脚与肩同宽。用双手在规定的高度握住一个健身实心球，手臂朝头顶完全伸展。

2. 踮起双脚脚尖并坚持2秒。用力地将健身实心球抛向地面，在抛出球的同时弯曲膝盖。

3. 在抛出的健身实心球接触地面时，立即尽可能高地跳起。

4. 以适当的防御性站姿温和地着地。

5. 进行规定的重复或抛球次数。

## 涉及的肌肉

**起跳时的主要肌群：** 臀大肌、臀中肌、股四头肌（腹直肌、股外侧肌、股中间肌、股内侧肌）、阔筋膜张肌

**着地时的主要肌群：** 臀大肌、臀中肌、股四头肌（腹直肌、股外侧肌、股中间肌、股内侧肌）、阔筋膜张肌、股二头肌、半膜肌、半腱肌

**辅助肌群：** 肱二头肌、背阔肌、腹直肌、胸大肌、肱三头肌、三角肌前束

### 篮球训练要点讲解

此练习可锻炼全身的爆发力，使你能跳得更高并改善核心力量，让你在冲向篮筐时产生更大的爆发力。在跳起争抢篮板球，然后带球着地并再次跳起扣篮时，会看到此动作。着地后能够快速做出反应，可实现跳得比对手更高的优势。

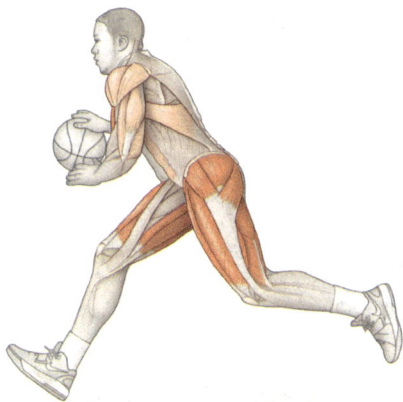

胸部压在球上

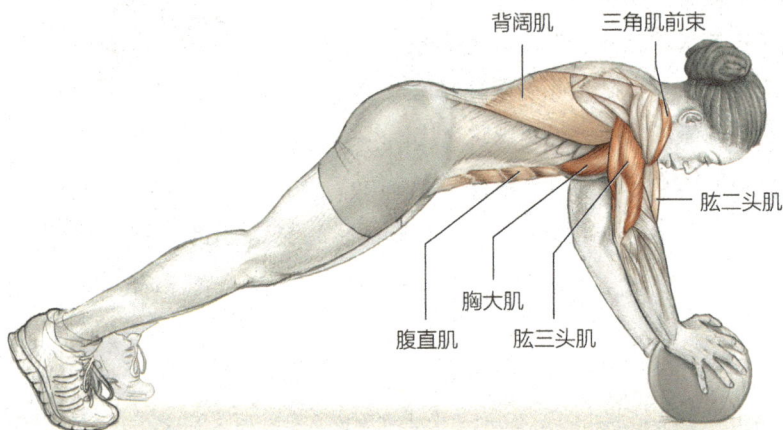

背阔肌　　三角肌前束

肱二头肌

胸大肌

腹直肌　　肱三头肌

## 训练步骤

1. 呈俯卧撑姿势，将一个健身实心球放在双臂之间的地上，胸部下方。

2. 在开始做俯卧撑时，朝健身实心球降低胸部，直到胸部稍微接触健身实心球。

3. 胸部接触健身实心球后，从地面撑起，双手用足够的力撑离地面，并立即放在健身实心球上。

4. 随着身体下降，胸部再次接触健身实心球，双手用力撑离健身实心球，在以最初的俯卧撑姿势着地后稳住身体。

5. 进行规定的重复次数。

## 涉及的肌肉

**主要肌群：** 胸大肌、胸小肌、肱三头肌、三角肌前束

**辅助肌群：** 肱二头肌、背阔肌、腹直肌

### 篮球训练要点讲解

　　爆发性的上半身力量有助于你更快地传球。强壮的上半身也有助于抢篮板球或争抢未控制的球。防守和抢位挡住对手，都需要稳住站姿，否则会被他人从站立位置挤开。两位运动员在抢篮板球后都用手抢篮球时，拥有更强壮上半身的运动员更可能会获胜。

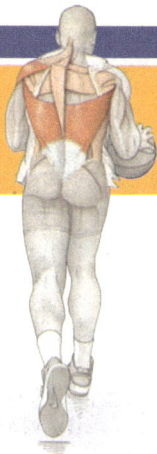

# 第 8 章

# 以最佳状态
# 返回赛场

由于所有伤病的严重性并不相同，而且可能发生关联的解剖学损伤或你以前可能就有疾病，在启动康复计划或继续进行体能增强训练之前，应咨询有资质的医生。本章讨论脚踝、膝盖和肩部疾病的护理方式。

## 踝关节扭伤

在一般大众中每天会发生 3 万起韧带性踝关节扭伤，它被认为是与篮球运动相关的最常见脚部和脚踝损伤。大多数扭伤都涉及距腓前韧带（ATFL）、跟腓韧带（CFL）和距腓后韧带（PTFL）（如图 8.1 所示）。一种典型的损伤机制发生在进行踝关节跖屈和内翻的组合动作时，落在对手的脚上就会在这种足部位置产生损伤。在跑跳时以及在急转向动作中，也容易在这些足部和脚踝位置产生损伤。一旦发生踝关节扭伤，合格的医生应评估损伤并推荐治疗方法。

踝关节扭伤的严重性按生理病理学、体格检查和功能限制来分级。在传统上，踝关节损伤有 3 个等级，而康复训练依赖于扭伤的严重性（如表 8.1 所示）。

仅涉及一条韧带，韧带结构受到轻微拉伸，但不存在功能性踝关节不稳定，这属于 1 级（轻微）踝关节扭伤。体格检查将显示对涉及的韧带进行触诊时，没有或仅有极轻微的肿胀或瘀斑（挫伤）和压痛。临床特殊测试呈阴性。你没有或仅有极轻微的功能限制，但可能具有轻微的步态偏差。大约 1 星期的积极康复训练有助于治愈这种损伤。

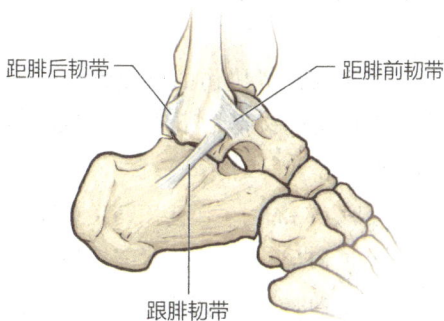

距腓后韧带　　　　　距腓前韧带

跟腓韧带

**图 8.1**　脚踝的韧带

表 8.1 踝关节扭伤

|  | 病理学 | 体格检查 | 功能限制 | 复原训练 |
|---|---|---|---|---|
| 1级（轻微）踝关节扭伤 | 轻微拉伸韧带<br>没有功能性踝关节不稳定<br>仅涉及一条韧带 | 没有或仅有极轻微的肿胀或瘀斑<br>韧带周围有压痛感<br>临床特殊测试呈阴性 | 没有或仅有极轻微的限制<br>轻微步态偏差 | 积极训练（约1星期） |
| 2级（中度）踝关节扭伤 | 韧带部分撕裂<br>轻微到中度踝关节不稳定<br>涉及单侧多条韧带 | 脚踝肿胀和瘀斑<br>韧带周围有压痛感<br>对韧带松弛的临床特殊测试呈阳性 | 偶尔存在 ROM 缺陷<br>力量缺陷<br>无法抬起单侧脚<br>步态偏差<br>无法跳或跑 | 保守训练（3到4星期） |
| 3级（严重）踝关节扭伤 | 韧带完全撕裂<br>严重踝关节不稳定<br>涉及单侧多条韧带 | 中度肿胀和瘀斑<br>韧带和脚踝周围有压痛感<br>对韧带松弛的临床特殊测试呈阳性<br>防备性且疼痛 | ROM 和踝关节力量缺陷<br>步态偏差<br>无法承受质量<br>需要辅助装置 | 非常保守地训练（5到12星期） |

　　韧带部分撕裂，存在轻微到中度的踝关节不稳定，这属于 2 级（中度）踝关节扭伤。扭伤可能涉及一条或多条韧带。体格检查将显示对涉及的韧带进行触诊时，存在脚踝肿胀、瘀斑（挫伤）和压痛。对韧带松弛的临床特殊测试呈阳性。你偶尔会发生活动范围（ROM）缺陷和力量缺陷，可能无法抬起单侧的脚踝。你会出现步态偏差且无法跳或跑。3 到 4 星期的保守康复训练有助于治愈这种损伤。

　　韧带完全撕裂，存在严重的踝关节不稳定，属于 3 级（严重）踝关节扭伤。扭伤可能涉及一条或多条韧带。体格检查将显示对涉及的韧带或脚踝进行触诊时，存在中度肿胀、瘀斑（挫伤）和压痛。对韧带松弛的临床特殊测试呈阳性（存在防备性和疼痛）。你会出现 ROM 和踝关节力量缺陷和步态偏差，包括无法承受质量；因此需要辅助装置。非常保守的康复训练（5 到 12 星期）有助于治愈这种损伤。

　　急性踝关节扭伤的康复训练目标应注重的是缩短发炎过程、减少疼痛、促进修复和重塑胶原纤维。在踝关节扭伤的紧急治疗和管理中常常使用缩写词 PRICE。

　　保护（Protect）：使用踝关节固定器或辅助装置减轻压力和疼痛。

　　休息（Rest）：预防过度损伤组织。

　　冰敷（Ice）：减少疼痛和血流，减少挫伤。

　　压迫（Compression）：增加外部压力来减轻肿胀。

　　高举步（Elevation）：减轻肿胀，帮助静脉和淋巴回流。

使用哪些练习和功能性活动取决于具体的治愈阶段。通过练习或承重运动来施加受控的压力，可以帮助治愈伤病；但是，过度的负担可能妨碍治愈，延长发炎过程。随着疼痛和肿胀减弱，可进行更积极的拉伸和承重任务。

练习主要关注的应是恢复踝关节 ROM。踝关节背屈（DF）和跖屈（PF）可积极地治疗；但是，踝关节内翻（IV）和外翻（EV）应在能忍受的情况下治疗。踝关节 ROM 可通过拉伸（腓肠肌和比目鱼肌复合体）和按摩肌群（腓肠肌、比目鱼肌、腓骨肌、胫骨后肌、趾长屈肌和跚长屈肌）周围的软组织来恢复。

ROM 正常化后，应继续进行脚踝拉伸。在能很好地忍受承重后，开链练习将进阶为闭链练习。

平衡和本体感觉能力的恢复，对预防未来踝关节扭伤必不可少，是高级运动的基础。掌握平衡和本体感觉后，可将高级康复和健身训练融入治疗计划中。现在可将动力性热身、敏捷性、慢跑、矢状面跑、跳跃、急转向和改变方向，以及减速训练合并到治疗程序中。

复发性踝关节扭伤通常与平衡和本体感觉能力不足、力量不足，以及动作或任务质量差有关。由这些缺陷引发的复发性踝关节扭伤，需要长期使用外部支撑，比如运动训练胶带或固定器。存在慢性踝关节功能紊乱的运动员，需要渐进地进行平衡或本体感觉能力和力量训练。

本章中的平衡、本体感觉能力和加强练习包括：

## 踝关节平衡

单脚站立

平衡板

## 踝关节本体感觉

坐姿物理治疗球本体感觉

跳跃

侧踢腿

## 踝关节加强

抵抗性踝关节运动

踮脚尖

借助带子的横向走

### 训练步骤

1. 站立，全身质量分散在受伤的下肢上。

2. 保持膝盖稍微弯曲，将全身质量转移到受伤的下肢上。在平衡活动期间，尝试保持固定的姿势。

3. 要提高此练习的难度，可引入不稳定的表面，比如海绵垫、平衡板或半圆球，或者闭上双眼。

### 涉及的肌肉

**主要肌群：**腓肠肌、比目鱼肌、胫骨前肌、踇长伸肌、趾长伸肌、踇长屈肌、趾长屈肌、胫骨后肌、腓骨肌、骨间肌、蚓状肌

**辅助肌群：**臀大肌、臀中肌、腿后肌群（半腱肌、半膜肌、股二头肌）、股四头肌（股直肌、股外侧肌、股内侧肌、股中间肌）、竖脊肌（髂肋肌、最长肌、棘肌）、腹直肌

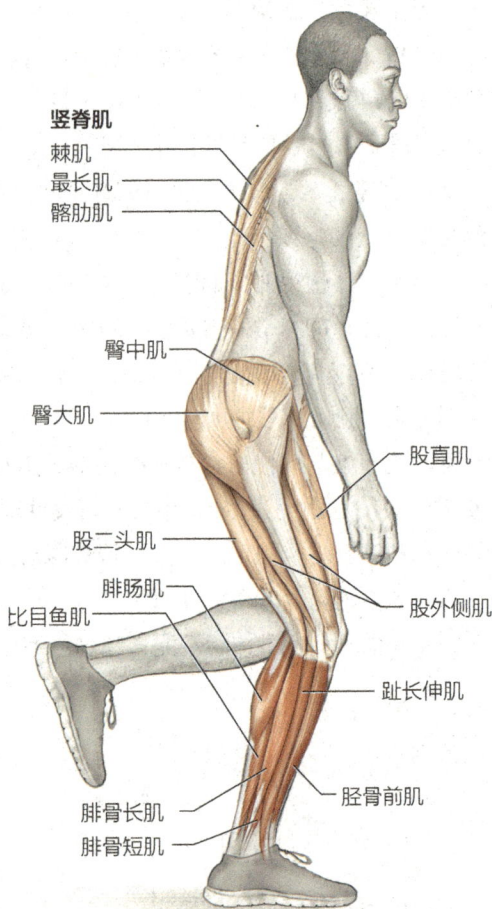

竖脊肌
棘肌
最长肌
髂肋肌

臀中肌

臀大肌

股直肌

股二头肌

腓肠肌

比目鱼肌

股外侧肌

趾长伸肌

胫骨前肌

腓骨长肌
腓骨短肌

### 篮球训练要点讲解

单脚平衡是篮球运动所需的一项重要技能。在跑动期间一条腿接触地面，以及在单侧跳跃并着地（带球上篮）时，这项技能很重要。在急转向以避开对手时，踝关节的稳定性对保持站位和应对任何未预见的阻碍很重要。许多运动员在抢篮板球后踩在对手脚上时会导致脚踝受伤。在不稳定的表面保持稳定的能力可帮助你应对和避免受伤。

## 训练步骤

1. 站在平衡板或半圆球上，全身质量均匀地分散在双腿上。不稳定的表面会给内侧和外侧或前后稳定性带来挑战。

2. 保持膝盖稍微弯曲，缓慢降低到微蹲位置。在平衡活动期间，尝试保持固定的姿势，保持平衡板位于中间位置。

3. 要提高此练习的难度，可引入外部力量，比如摇晃或接住胸前传球。

## 涉及的肌肉

**主要肌群：** 腓肠肌、比目鱼肌、胫骨前肌、蹈长伸肌、趾长伸肌、蹈长屈肌、趾长屈肌、胫骨后肌、腓骨肌、骨间肌、蚓状肌

**辅助肌群：** 臀大肌、臀中肌、腿后肌群（半腱肌、半膜肌、股二头肌）、股四头肌（股直肌、股外侧肌、股内侧肌、股中间肌）、竖脊肌（髂肋肌、最长肌、棘肌）、腹直肌

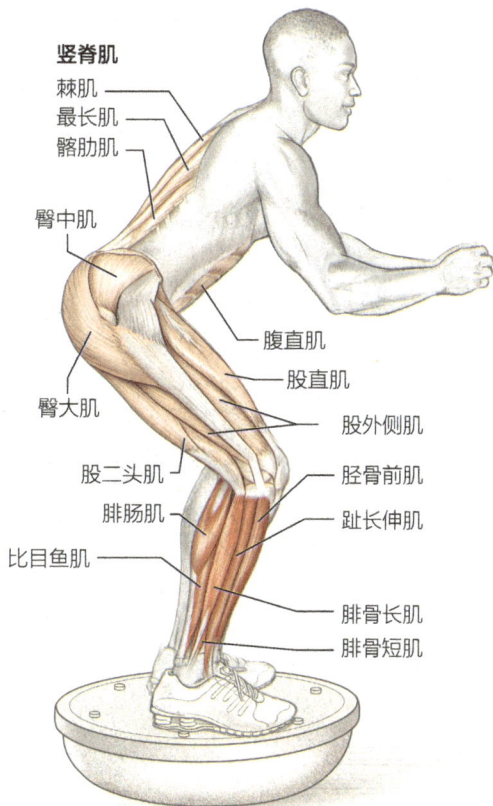

竖脊肌
棘肌
最长肌
髂肋肌
臀中肌
腹直肌
股直肌
股外侧肌
臀大肌
胫骨前肌
股二头肌
趾长伸肌
腓肠肌
比目鱼肌
腓骨长肌
腓骨短肌

## 篮球训练要点讲解

在微蹲姿势下保持平衡是一种功能性动作。它可模拟罚球的开始姿势和跳起后的返回姿势。在踝关节和股四头肌中保持平衡和力量的能力，可帮助你在需要改变方向或跑向篮筐时更具爆发性。作为预防性措施，在正常比赛中都应保持踝关节有力且稳定。

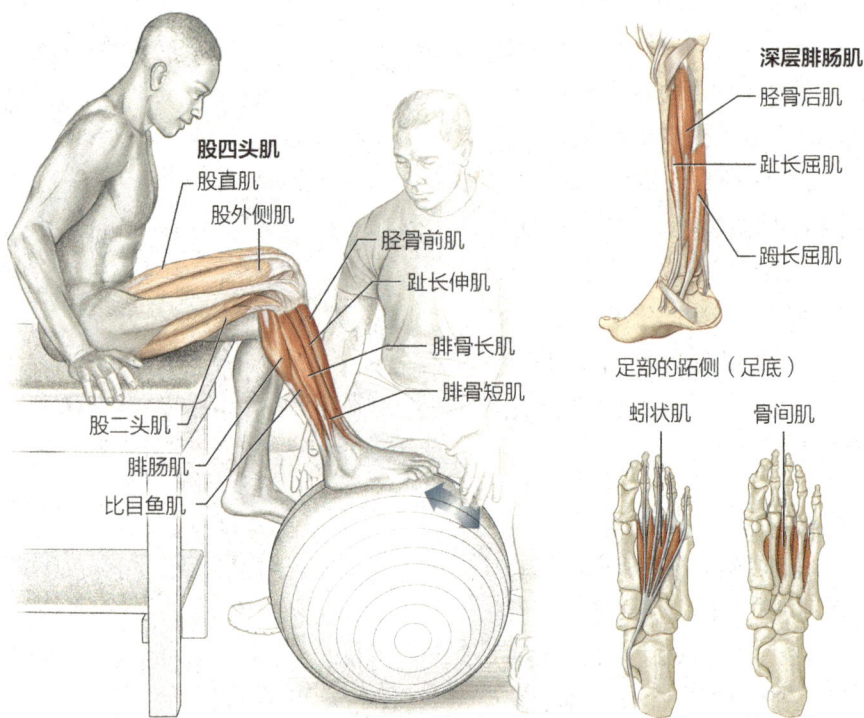

**股四头肌**
股直肌
股外侧肌

胫骨前肌
趾长伸肌
腓骨长肌
腓骨短肌

股二头肌
腓肠肌
比目鱼肌

**深层腓肠肌**
胫骨后肌
趾长屈肌
踇长屈肌

足部的跖侧（足底）

蚓状肌　　骨间肌

**训练步骤**

1. 此练习在紧急踝关节康复训练阶段使用。坐在桌子边缘，双脚放在一个位于中间位置的物理治疗球上。

2. 在医生摇动物理治疗球时，保持双脚和脚踝位于中间位置。

3. 要提高练习的难度，医生可从可预测的摇动模式转变为不可预测的摇动模式，或者你可闭上双眼。

### 涉及的肌肉

**主要肌群：** 腓肠肌、比目鱼肌、胫骨前肌、姆长伸肌、趾长伸肌、姆长屈肌、趾长屈肌、胫骨后肌、腓骨肌、骨间肌、蚓状肌

**辅助肌群：** 腿后肌群（半腱肌、半膜肌、股二头肌）、股四头肌（股直肌、股外侧肌、股内侧肌、股中间肌）

#### 篮球训练要点讲解

本体感觉在踝关节功能紊乱时很重要。在篮球运动中的每一步，你都需要能感受到跑、跳、急转向和减速运动中的身体意识。由于篮球运动节奏快，整场比赛中方向经常变化，要坚持打完全场而不会因伤被替换下场，踝关节和整体训练很重要。篮球运动中的快速移动（例如探步或移动挡拆）需要脚踝抵抗施加在它们之上的力。

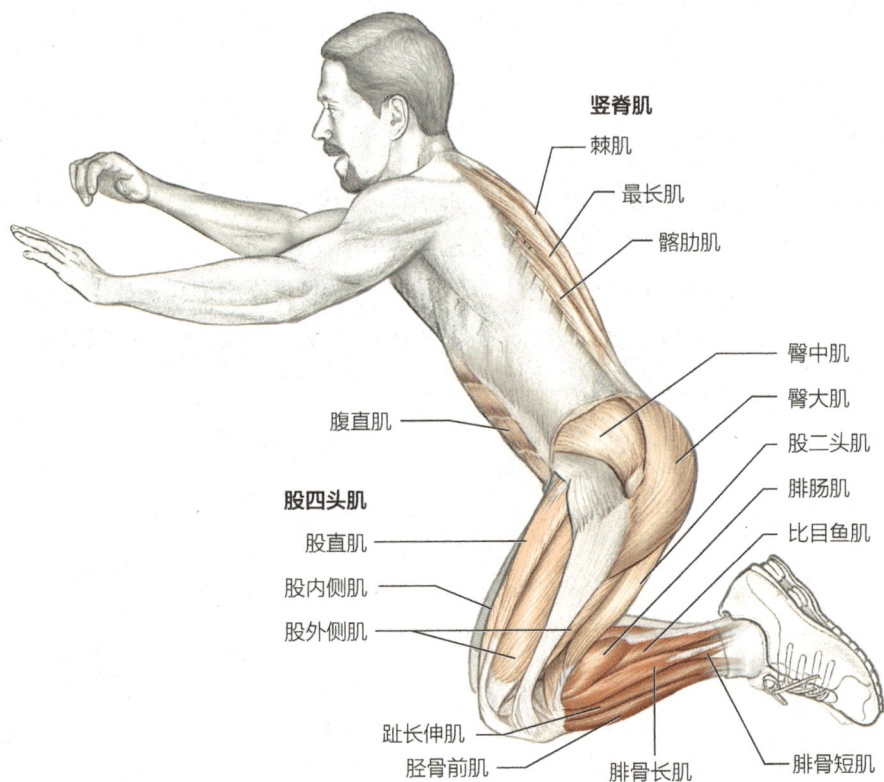

竖脊肌
棘肌
最长肌
髂肋肌

臀中肌
臀大肌
股二头肌
腓肠肌
比目鱼肌

腹直肌

股四头肌
股直肌
股内侧肌
股外侧肌

趾长伸肌
胫骨前肌
腓骨长肌
腓骨短肌

## 训练步骤

1. 呈站立姿势，双膝稍弯。

2. 保持膝盖稍弯，后摆双臂并朝前跳。着地时双膝弯曲，髋部后伸。跳得尽可能远，同时保持良好的着地姿势。

3. 要提高此练习的难度，可双脚跳起并双脚着地，接着双脚跳起并单脚着地，然后单脚跳起并单脚着地。还可朝前和朝后跳，以及使用障碍或箱子侧向跳，以提高练习的难度。

## 涉及的肌肉

**主要肌群：** 腓肠肌、比目鱼肌、胫骨前肌、踇长伸肌、趾长伸肌、踇长屈肌、趾长屈肌、胫骨后肌、腓骨肌、骨间肌、蚓状肌

**辅助肌群：** 腿后肌群（半腱肌、半膜肌、股二头肌）、股四头肌（股直肌、股外侧肌、股内侧肌、股中间肌）、臀大肌、臀中肌、腹直肌、竖脊肌（髂肋肌、最长肌、棘肌）

### 篮球训练要点讲解

跳跃可提升向前和向侧方推进的能力、减速能力，以及下肢的平衡和本体感觉。从地面上更快地作出反应有助于跳得更高和跑得更快。从地面快速作出反应的能力决定了是抢到篮板球还是被球打到。

## 训练步骤

1. 用受伤的下肢站立并保持平衡，在未受伤的腿的足部套上一条固定在地上的橡皮带。橡皮带应套在未受伤的腿的脚踝上。

2. 让受伤的下肢保持平衡，用未受伤的腿克服橡皮带的阻力，在矢状和水平运动平面上（向前、向后和向侧方）踢腿。

3. 要提高此练习的难度，可增加橡皮带的阻力或加快踢腿速度。

## 涉及的肌肉

**主要肌群：** 腓肠肌、比目鱼肌、胫骨前肌、踇长伸肌、趾长伸肌、踇长屈肌、趾长屈肌、胫骨后肌、腓骨肌、骨间肌、蚓状肌

**辅助肌群：** 臀大肌、臀中肌、腿后肌群（半腱肌、半膜肌、股二头肌），股四头肌（股直肌、股外侧肌、股内侧肌、股中间肌）、腹直肌

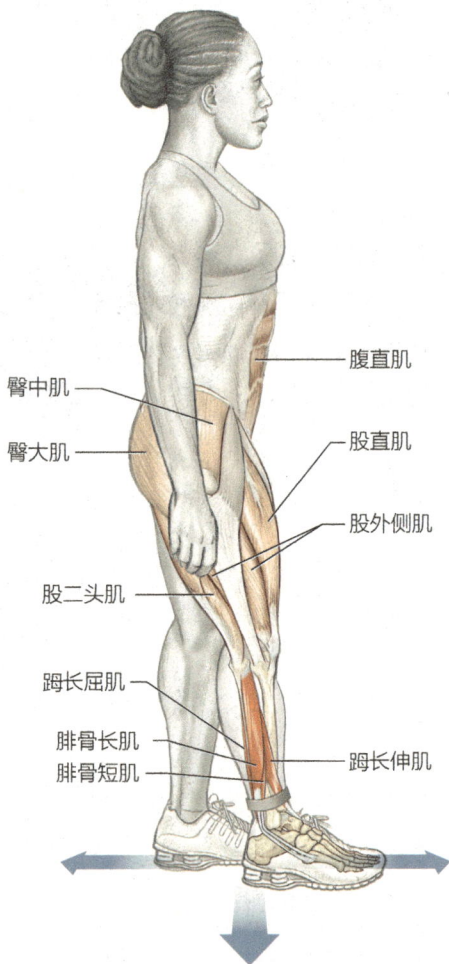

臀中肌
臀大肌
腹直肌
股直肌
股外侧肌
股二头肌
踇长屈肌
腓骨长肌
腓骨短肌
踇长伸肌

## 篮球训练要点讲解

单侧本体感觉对在跑动等单侧站立运动中保持身体意识很重要。在跑向篮筐并带球上篮或在摇摆中投篮时，稳住并摆动小腿的能力对成功投篮至关重要。抢篮板球后着地或无球跑动时需要你控制着地方法或利用爆发力来抢球。

# 抵抗性踝关节运动

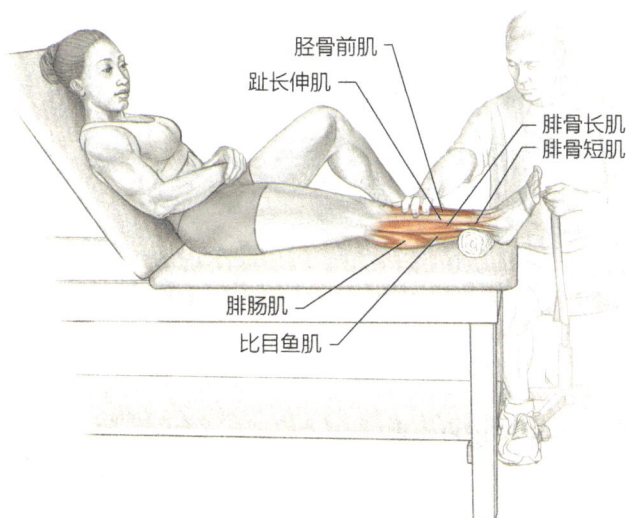

胫骨前肌
趾长伸肌
腓骨长肌
腓骨短肌
腓肠肌
比目鱼肌

## 训练步骤

1. 直腿坐着，将毛巾卷放在脚踝下，脚踝处于正中位置。

2. 在脚上套上一条橡皮带。双手抓住橡皮带的另一端。

3. 克服橡皮带阻力而移动，完成踝关节的活动范围（背屈、跖屈、内翻和外翻）。

4. 要提高此练习的难度，可增加带子的阻力。

## 涉及的肌肉

**主要肌群：**腓肠肌、比目鱼肌、胫骨前肌、胫骨后肌、腓骨肌

**辅助肌群：**𧿹长伸肌、趾长伸肌、𧿹长屈肌、趾长屈肌、骨间肌、蚓状肌

### 篮球训练要点讲解

踝关节力量是跑、跳、急转向或改变方向时保证踝关节稳定性的主要因素。篮球运动中最常见的损伤是踝关节扭伤。踝关节扭伤通常发生在运动员抢篮板球和踩在对手的脚上时。在篮球运动练习和训练中，常常忽视踝关节的力量。如果你不想由于踝关节扭伤而失去比赛机会，就要花推荐的时间加强踝关节周围肌肉的力量。

## 训练步骤

1. 站立，膝盖完全伸展。如果愿意，每只手握一只哑铃。

2. 将脚踝抬离地面并缓慢地返回开始位置。

3. 要提高此练习的难度，可向双肩添加更多质量。

## 涉及的肌肉

**主要肌群：** 腓肠肌、比目鱼肌、腓骨肌

**辅助肌群：** 胫骨前肌、胫骨后肌、蹈长伸肌、趾长伸肌、蹈长屈肌、趾长屈肌、骨间肌、蚓状肌

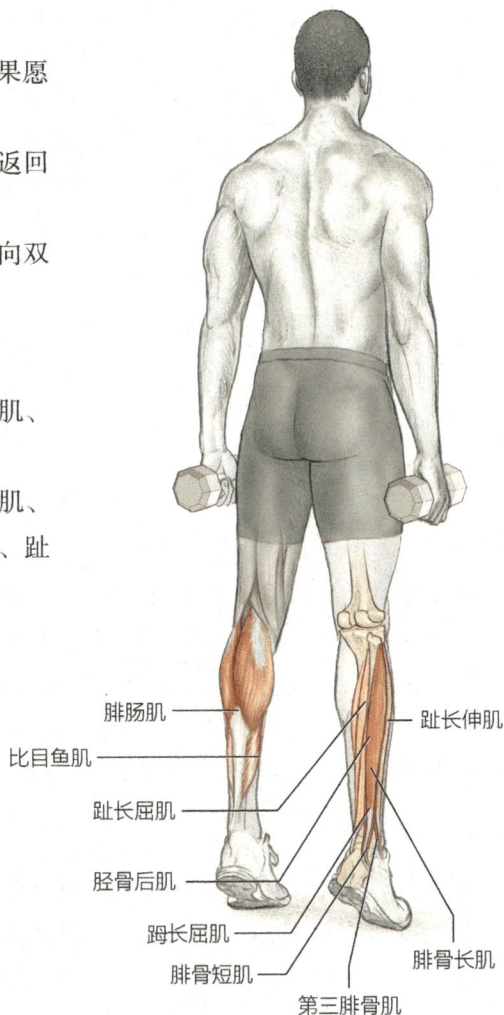

腓肠肌
比目鱼肌
趾长屈肌
胫骨后肌
蹈长屈肌
腓骨短肌
第三腓骨肌
趾长伸肌
腓骨长肌

## 篮球训练要点讲解

在发力投篮和跳跃等活动过程中，跖屈力量至关重要。小腿的腓肠肌能将你推离地面，从而跑得更快和跳得更高。要在这些运动中有爆发力，需要锻炼肌肉的弹性和力量。

# 借助带子的横向走

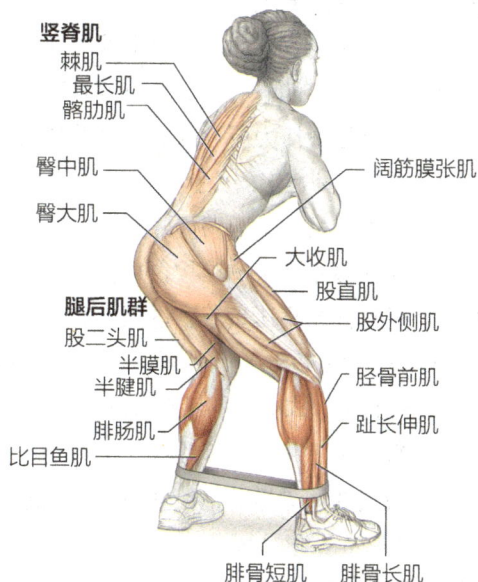

**竖脊肌**
棘肌
最长肌
髂肋肌

臀中肌

臀大肌

**腿后肌群**
股二头肌
半膜肌
半腱肌
腓肠肌
比目鱼肌

阔筋膜张肌

大收肌
股直肌
股外侧肌

胫骨前肌
趾长伸肌

腓骨短肌　腓骨长肌

## 训练步骤

1. 站立，双膝稍微弯曲，处于微弯姿势。在双脚踝上套一条橡皮带。
2. 保持下蹲姿势，双脚位于正中，克服橡皮带的拉力而横向行走。

## 涉及的肌肉

**主要肌群：** 腓肠肌、比目鱼肌、腓骨肌、胫骨前肌、胫骨后肌、蹈长伸肌、趾长伸肌、蹈长屈肌、趾长屈肌、骨间肌、蚓状肌

**辅助肌群：** 髋内收肌、腿后肌群（半腱肌、半膜肌、股二头肌）、股四头肌（股直肌、股外侧肌、股内侧肌、股中间肌）、臀大肌、臀中肌、腹直肌、竖脊肌（髂肋肌、最长肌、棘肌）

### 篮球训练要点讲解

借助带子的横向走可锻炼下肢力量和侧向踝关节的稳定性，加强力量和本体感觉，从而让你在篮球运动的所有方面发挥出最佳的表现并预防受伤。侧向髋部力量能在急转向时在髋部产生更大的稳定性和爆发力，以避开对手。通过此练习锻炼力量，还有助于保持牢固的运动位置来冲向篮筐或对抗防守者。

# 跳跃膝

跳跃膝是一种受伤或发炎情形，表现为膝前区疼痛且常常伴有僵硬和疼痛特征。触诊可揭示膝盖骨区域的疼痛位置。此疼痛常常发生在肌腱下部插入胫骨结节中的地方。跳跃膝可能包括髌腱末端病、髌腱炎或髌骨肌腱炎，这些是由在跳跃运动中对膝盖的伸肌结构反复施加压力所导致的。这种情况被称为与反复跳跃关联的压力过载，几乎从未作为一种特定的受伤事故来描述。

由于在着地期间股四头肌上会发生离心肌肉收缩，在跳跃期间发生向心肌肉收缩，所以跳起后着地时施加在膝盖骨上的结构负载似乎比起跳时更大。这些压力性离心肌肉收缩可能施加反复性的高压负载，进而导致受伤。与跳跃膝关联的身体特征可能包括较差的全身条件（超重），股四头肌和腿后肌群无力，臀肌无力，以及髋屈肌、股四头肌、腿后肌群和踝关节的活动性和柔韧性较差。

康复训练目标应注重缩短发炎过程，减轻疼痛，促进修复和重塑胶原纤维，以及恢复活动范围、力量、稳定性和灵活性，使你最终安全地返回赛场。护理这种膝盖情况时的考虑因素如下。

- 保护膝盖，使用髌骨束带或装置减轻压力和疼痛。
- 适当地休息，预防进一步的过度组织损伤。
- 用冰减少疼痛和血流，减少挫伤。
- 恢复主动和被动的膝盖活动范围。
- 恢复力量，包括伸肌、腿后肌群，以及髋部、膝盖和核心肌肉。
- 恢复关节活动性和柔韧性，包括髋部（注重髋屈肌和腿后肌群）、膝盖和脚踝。
- 恢复关节本体感觉，包括整个下肢。

以下是本节中的练习：

垫子边缘行走

单脚站在不稳定表面上

离心压腿

徒手蹲举

下台阶

跳箱子

## 训练步骤

1. 站在 5 到 10 码（4.5 到 9 米）长的薄垫子的侧棱上。

2. 一只脚放在另一只脚前面，像走钢丝一样行走。脚的一半（从中线划分）在垫子上，另一半不在垫子上。走完垫子的长度。行走时不要让脚接触地面。

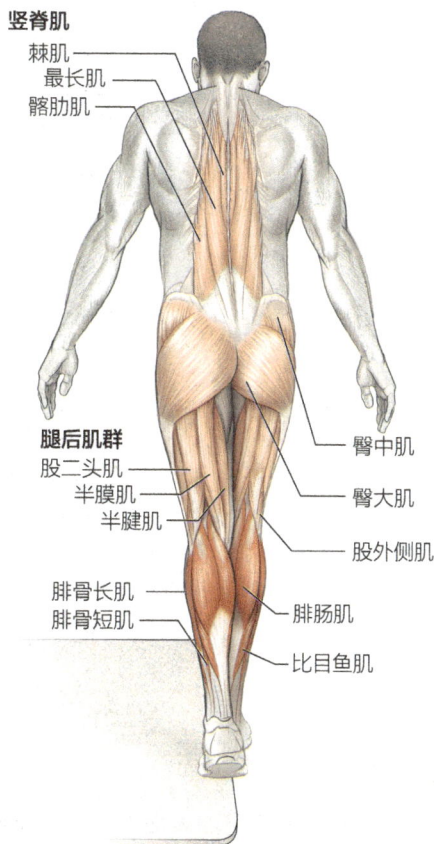

3. 在垫子边缘行走规定的次数。

**竖脊肌**
- 棘肌
- 最长肌
- 髂肋肌

**腿后肌群**
- 股二头肌
- 半膜肌
- 半腱肌

- 腓骨长肌
- 腓骨短肌

- 臀中肌
- 臀大肌
- 股外侧肌
- 腓肠肌
- 比目鱼肌

## 涉及的肌肉

**主要肌群：** 腓肠肌、比目鱼肌、胫骨前肌、踇长伸肌、趾长伸肌、踇长屈肌、趾长屈肌、胫骨后肌、腓骨肌、骨间肌、蚓状肌

**辅助肌群：** 臀大肌、臀中肌、腿后肌群（半腱肌、半膜肌、股二头肌）、股四头肌（股直肌、股外侧肌、股内侧肌、股中间肌）、竖脊肌（髂肋肌、最长肌、棘肌）、腹直肌

---

### 篮球训练要点讲解

在改变方向或从特定情形中恢复时，必须在移动中保持平衡，比如在跑向篮筐时快速急转向以避开防守者，这会让你的重心处于支撑面之外。

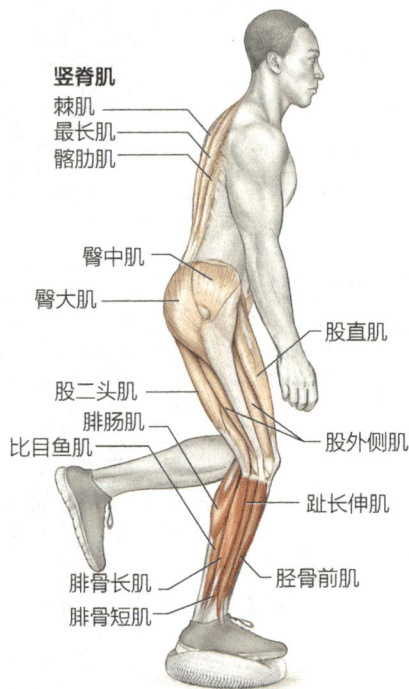

竖脊肌
棘肌
最长肌
髂肋肌

臀中肌
臀大肌

股直肌

股二头肌
腓肠肌
比目鱼肌

股外侧肌

趾长伸肌

腓骨长肌
腓骨短肌

胫骨前肌

## 训练步骤

1. 站在不稳定的表面上，比如半圆球、平衡板或海绵垫上，将全身的质量放在受伤的下肢上。另一条腿离地。

2. 稍微弯曲膝盖，降低到微蹲姿势。保持平衡和固定的姿势。

3. 如果采取弯膝姿势感到疼痛，可从直腿开始练习，然后进阶到无痛的微弯膝盖姿势。

4. 进行规定次数的计时回合。

## 涉及的肌肉

**主要肌群：** 腓肠肌、比目鱼肌、胫骨前肌、蹈长伸肌、趾长伸肌、蹈长屈肌、趾长屈肌、胫骨后肌、腓骨肌、骨间肌、蚓状肌

**辅助肌群：** 臀大肌、臀中肌、腿后肌群（半腱肌、半膜肌、股二头肌）、股四头肌（股直肌、股外侧肌、股内侧肌、股中间肌）、竖脊肌（髂肋肌、最长肌、棘肌）、腹直肌

膝盖复原训练

## 篮球训练要点讲解

在微蹲姿势下保持平衡是一种功能性动作。它可模拟罚球的开始姿势和跳起后的返回姿势。单脚站立的能力可加强股四头肌的力量，帮助锻炼膝盖和踝关节的稳定性。通过锻炼产生爆发力来单脚跳起，使你在跑向篮筐带球上篮或面对篮下防守时能获得优势。

◀ 变化动作 ▶

## 单脚站立

为了简化练习，可在地面上单脚站立。

## 单脚站立并拍打

让教练或训练伙伴在一侧拍打你，迫使你进一步控制身体，而不失去平衡。

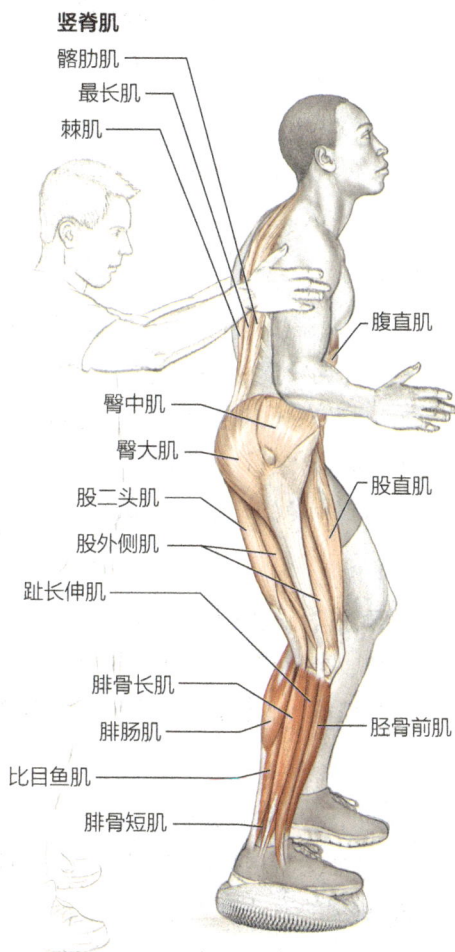

竖脊肌
髂肋肌
最长肌
棘肌

腹直肌

臀中肌
臀大肌
股二头肌
股外侧肌
趾长伸肌

股直肌

腓骨长肌
腓肠肌
比目鱼肌
腓骨短肌

胫骨前肌

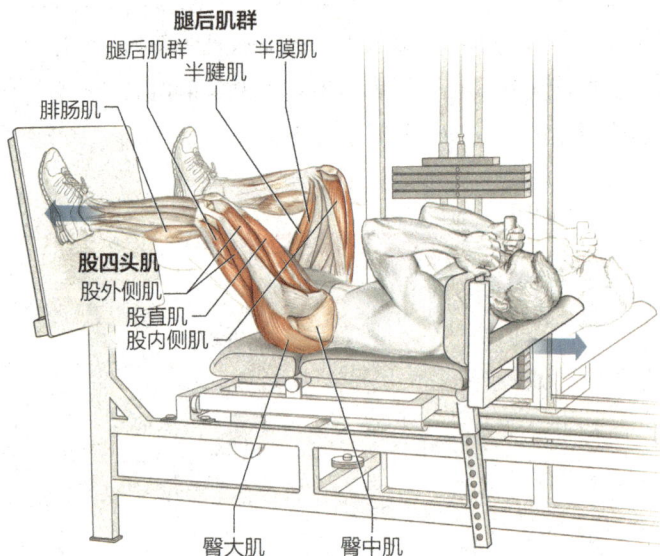

腿后肌群
腿后肌群　半膜肌
半腱肌
腓肠肌
股四头肌
股外侧肌
股直肌
股内侧肌
臀大肌　　臀中肌

## 训练步骤

1. 根据器械类型，躺或坐在压腿机上。保持双脚大约与肩同宽，脚趾稍微朝外。选择比体重稍轻的质量。

2. 推动双腿，直到它们完全伸展。

3. 数到 8 之后，缓慢减轻质量，仅使用受伤的腿恢复到开始位置。

4. 进行规定的重复和换腿次数。

## 涉及的肌肉

**主要肌群：** 股四头肌（股直肌、股外侧肌、股内侧肌、股中间肌）、腿后肌群（半腱肌、半膜肌、股二头肌）、臀大肌

**辅助肌群：** 腓肠肌、臀中肌、臀小肌

### 篮球训练要点讲解

离心力量增强训练不仅有助于解决跳跃膝问题，还能在跳起着地期间提供更强的力量和稳定性。

使用压腿练习的优势是，可施加比体重更轻的质量。使用与体重相同的质量进行练习后，你可终止压腿，在康复计划中使用体重活动。

# 徒手蹲举

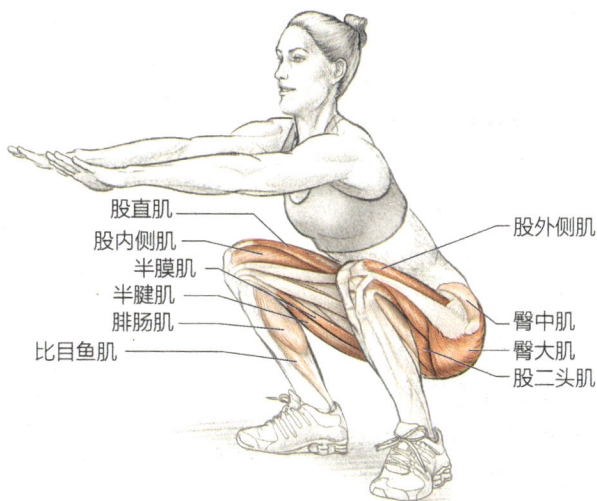

股直肌
股内侧肌
半膜肌
半腱肌
腓肠肌
比目鱼肌

股外侧肌
臀中肌
臀大肌
股二头肌

## 训练步骤

1. 站立，双脚大约与肩同宽，脚趾稍微朝外。朝身前伸出双臂，或者将双手放在髋上。

2. 伸展髋部并弯曲膝盖来缓慢降低身体，直到大腿稍低于与地面的平行线。如果在降低期间感到疼痛，可停在疼痛点上方。

3. 返回开始位置。

4. 进行规定的重复次数。

## 涉及的肌肉

**主要肌群：** 股四头肌（股直肌、股外侧肌、股内侧肌、股中间肌）、腿后肌群（半腱肌、半膜肌、股二头肌）、臀大肌

**辅助肌群：** 臀中肌、臀小肌、竖脊肌（髂肋肌、最长肌、棘肌）、腓肠肌、比目鱼肌

### 篮球训练要点讲解

大多数篮球运动（比如跳投）都始于和结束于双脚。此练习可恢复力量和稳定性，并建立一个力量基准，以后可在此基础上不断增加负载。在练习期间，不要将体重从受伤的腿转移走并将更多的质量放在健康的腿上。熟练掌握此练习后，进阶到后蹲或前蹲（参阅第 2 章）。

## 训练步骤

1. 站在增强式训练箱上。箱子高度取决于膝盖条件的严重性。从 4 英寸（10 厘米）开始，逐渐升高高度，直到可在 8 英寸（20 厘米）高的箱子上进行 3 组练习，每组包含 10 次重复动作。

2. 使用健康的腿从箱子上缓慢走下，同时背屈脚踝。让脚跟接触地面。保持对膝盖的控制；不要让它内转（外翻足）或外转（内翻足）。将受伤的腿停留在箱子上。

3. 返回到开始位置。

4. 进行规定的重复和换腿次数。

## 涉及的肌肉

**主要肌群：**股四头肌（股直肌、股外侧肌、股内侧肌、股中间肌）、腿后肌群（半腱肌、半膜肌、股二头肌）、臀中肌

**辅助肌群：**臀大肌、腓肠肌、比目鱼肌、腹直肌、腹横肌、内斜肌、外斜肌

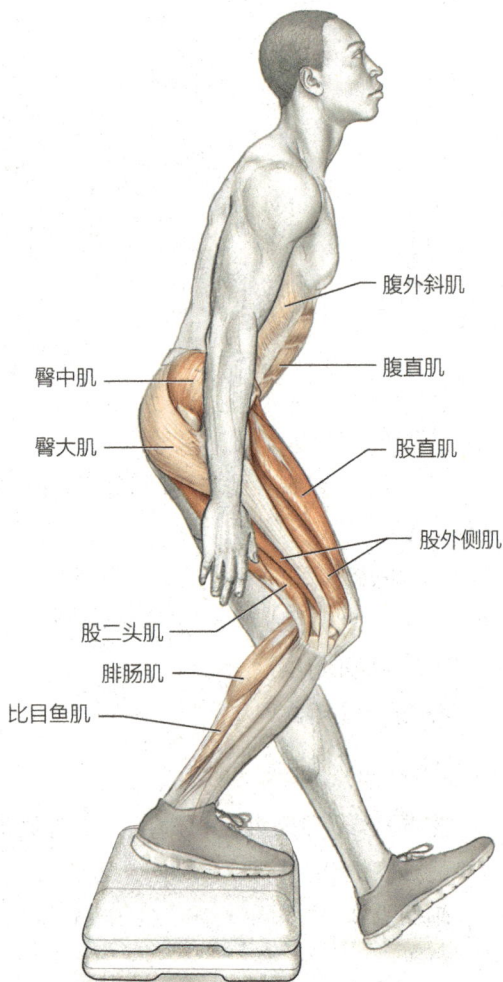

腹外斜肌

臀中肌

腹直肌

臀大肌

股直肌

股外侧肌

股二头肌

腓肠肌

比目鱼肌

### 篮球训练要点讲解

此练习可增强离心力量，重点锻炼股四头肌。它有时也用于确定在伤后返回赛场时是否为起跑动作做好了准备。

# 跳箱子

## 训练步骤

1. 面对箱子站立。从 12 英寸（30 厘米）高的箱子开始，逐步增加高度。

2. 通过伸展髋部并弯曲膝盖，降低身体以呈下蹲姿势。

3. 反转方向并尽可能高地纵跳。轻轻地落在箱子上。

4. 进行规定的跳箱子次数。

## 涉及的肌肉

**主要肌群：** 股四头肌（股直肌、股外侧肌、股内侧肌、股中间肌）、腿后肌群（半腱肌、半膜肌、股二头肌）、臀大肌、臀中肌、腓肠肌

**辅助肌群：** 腹直肌、腹横肌、臀小肌、比目鱼肌

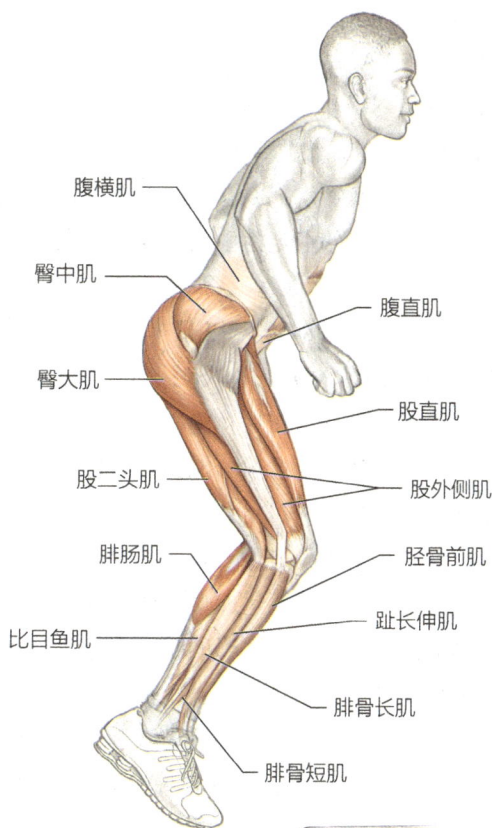

腹横肌

臀中肌

臀大肌

股二头肌

腓肠肌

比目鱼肌

腹直肌

股直肌

股外侧肌

胫骨前肌

趾长伸肌

腓骨长肌

腓骨短肌

## 篮球训练要点讲解

与在原地跳起并着地相比，通过纵跳到箱子上，你能够产生更大的爆发力，而降低施加在下肢上的力的影响。此练习可让你在篮球场上恢复爆发力，无论是加速、跳起抢篮板球还是投篮时都是如此。

# 肩胛骨运动障碍

肩部由 3 个关节和一个连接组成。肩部的 3 个关节是胸锁（SC）关节、肩锁（AC）关节和盂肱（GH）关节。肩胸连接是肩胛骨（肩胛带）与胸椎（上背部）之间的连接。SC 关节是肩部与骨架的唯一连接。它将锁骨与胸骨相连。AC 关节将锁骨与肩峰相连，有多条韧带来保持肩部复合体的静态稳定度。GH 关节是肩部的球窝关节。此关节由韧带和肩袖肌肉群（冈上肌、冈下肌、小圆肌、肩胛下肌）组成，韧带负责肩部复合体的静态稳定度，肩袖肌肉负责动态稳定性。肩胸连接在肩部复合体的稳定性中很重要。它之上附着了一些重要的肌肉来将肩胛骨与胸椎相连。

胸椎（上背部）有 12 节（T1 到 T12）。这些节附着有肌肉，并会在使用这些肌肉时移动。例如，抬起手臂时，肌肉和胸椎会移动来完成该动作。胸椎有能力进行多维运动（屈伸、侧弯和旋转）。由于采用重复性的投篮和经过训练的运动模式，篮球运动员很可能丧失胸椎伸展和向非优势侧旋转的能力（所以右手投手会丧失向左旋转的能力）。

顶上运动（overhead sports）中的竞技运动员通常会在投掷时尝试最大限度提高上肢的整体力量，进而最大化投掷物体的整体速度。篮球运动中的投篮、抢篮板球和防守，要求在适当的时间内完成全身爆发性运动，恰当地发挥上下肢和躯干的协调性、柔韧性和力量。据信，胸椎的复杂运动有助于有效完成投篮动作。不幸的是，胸椎容易受到活动限制，潜在地限制其对最有效投篮的贡献。因此，人们认为胸椎活动性有助于恢复 GH 关节的整体运动程度，帮助保持肩胛骨在胸腔内的解剖学位置。

肩胛骨和肩部关节必须协同配合，才能实现无痛且强有力的肩部活动范围。这称为肩肱节律，具有 3 个阶段。这些阶段可恢复肩部复合体正常的解剖学位置和动作。

阶段 1：随着肱部抬升到 30 度，肩胛骨已知处于下沉阶段。在此阶段中，肩胛骨的运动幅度最小。

阶段 2：随着肱部从外展 30 度抬升到 90 度，肩胛骨必须移动和旋转。在此阶段中，肱部活动性与肩胛骨活动性具有 2∶1 的比率。

阶段 3：随着肱部抬升最后 90 度来外展肩部，肩胛骨必须旋转并上提。在最后的阶段中，肱部活动性与肩胛骨活动性具有 2∶1 的比率。

这导致肩部总共抬升 180 度，其中 120 度是由肱部抬升引起的，60 度是由肩胛骨旋转引起的。在你积极完成肩部外展的活动范围时，教练或训练员不仅能看到主动活动的质量，还会看到你的肩胛骨在胸腔中的静止位置。

存在肩部疾病的运动员会发生静力性和动力性肩胛骨位置改变。由于肩胛骨与胸椎的连接具有亲近性，以及肩肱关节的耦合运动，肩胛骨的非典型位置或肩胛骨控制力丧失被称为肩胛骨运动障碍（Yin 等，2014 年）。

从后视图可以观察到正常的肩胛骨位置。每块肩胛骨的位置高度和离胸椎的距离相同。平均而言，每块肩胛骨离胸椎中心 2~3 英寸（5~7.5 厘米）。它应在胸腔上看起来是平的。在大部分运动员中，优势臂具有异常的肩胛骨位置。它离胸椎的距离大于 3 英寸（7.5 厘米），而且与另一块肩胛骨相比位置更低，表现出一种翼状（倾斜）位置。

肩胛骨的这种异常的静力性位置，可能是由于胸椎的骨头畸形（这是与生俱来的）导致的。例如，太严重或太轻微的胸椎驼背（胸椎弯曲度），可能导致异常的肩胛骨位置。肩部的任何解剖学结构的损伤、肌肉失衡或肌肉柔韧性丧失，也可能引起肩胛骨位置异常。这种异常位置将导致动作异常，打破肩肱节律。

尽管骨头畸形无法改变，但你可解决肩部复合体的肌肉失衡和肌肉柔韧性问题。恢复肌肉的平衡和柔韧性可降低受伤风险，肩胛骨恢复到更好的位置，这会让肩肱节律正常化并提升运动表现。

对于肩部复合体来说，肩胛骨稳定肌肉是最重要的肌肉。这些肌肉将肩胛骨与胸椎相连，是定位肌，有助于正常的肩胛骨下沉和恢复正常的肩肱节律。触发模式下的肌肉激活和协调，会产生力偶来控制肩胛骨。最重要的力偶是斜方肌上部和下部、菱形肌和前锯肌。斜方肌下部是最重要的稳定肌肉；它在肩部提升期间保持对肩胛骨的控制。斜方肌下部必须强壮，你必须能够在加强训练期间练习控制和隔离这块肌肉。斜方肌下部容易由于斜方肌上部的优势性而无力。

除了恢复力量和肌肉触发模式，恢复肌肉和关节柔韧性对实现正常的静力性和动力性肩胛骨位置也很重要。肩胛骨呈翼状（倾斜）可能是肌肉或关节太紧导致的。篮球运动员很可能出现胸肌和背阔肌紧绷，这会导致肩胛骨前倾。由于反复的头顶动作，运动员丧失了盂肱关节的内旋能力。这可能是由于肩部后囊紧绷或关节囊紧绷导致的。如果整体动作弧度没有恢复，会导致胸椎与肩胛骨的距离过大（超过 3 英寸［7.5 厘米］）。

解决篮球运动员的肩胛骨运动障碍时，重点应是恢复肩部柔韧性和活动性，以及整体运动弧度。肩部活动范围可通过对周围肌群（斜方肌上部、后囊、背阔肌和胸肌）进行拉伸或软组织按摩，以及鼓励活动胸椎来恢复。

恢复活动范围时，可进阶到拉伸肩胛骨稳定肌和肩袖肌肉群。等张拉伸可进阶到增强式力量训练，以增加爆发力。肌肉力量和爆发力，以及合适的肌肉触发模式的恢复（肩胛骨稳定肌在肩袖肌肉之前触发），对预防肩部受伤必不可少，也是提高运动表现的基础。

以下是本章的拉伸、活动范围和增强练习：

## 肩部拉伸

后囊拉伸

背阔肌拉伸

胸肌拉伸

睡眠者拉伸

## 肩部活动范围

胸椎活动性

## 肩部等张拉伸

YTW

侧卧肩部外旋

啦啦队式拉伸

头顶推举

## 肩部增强式训练

头顶健身球投掷

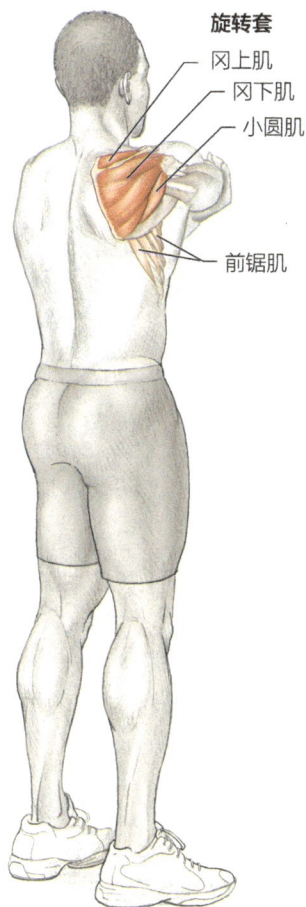

旋转套
- 冈上肌
- 冈下肌
- 小圆肌

前锯肌

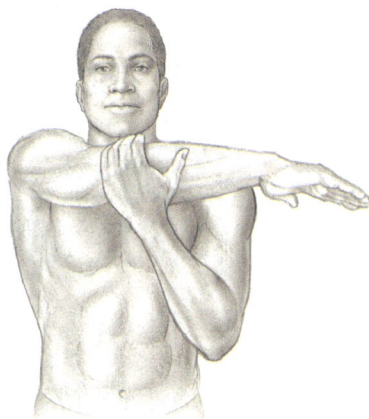

前视图

## 训练步骤

1. 站立，将一只手臂朝身体另一侧拉，直到感觉肩背部被拉伸。

2. 保持此姿势 30 秒。每天进行 3 到 5 次。

3. 要提高此练习的难度，可握住一根竖杆或其他静止物体，并前倾手臂。

## 涉及的肌肉

**主要肌群：** 旋转套（冈下肌、冈上肌、肩胛下肌、小圆肌）、三角肌后束
**辅助肌群：** 前锯肌、背阔肌

## 篮球训练要点讲解

此拉伸可恢复肩背部的柔韧性，有助于在投篮和防守时增加肩部的活动范围。

肩部拉伸

# 背阔肌拉伸

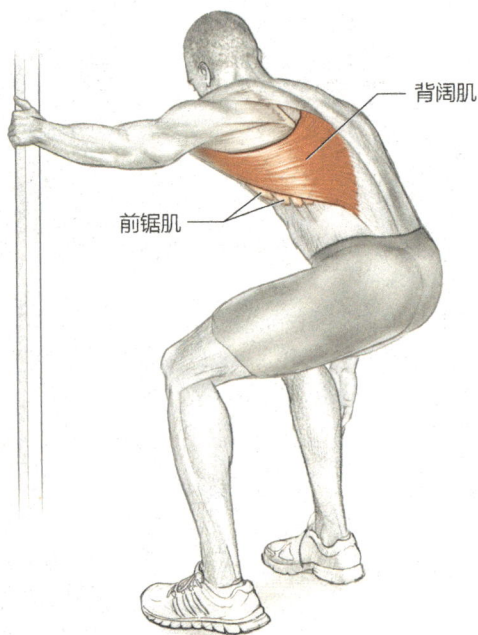

背阔肌

前锯肌

## 训练步骤

1. 站立，并用一只手抓住一根竖杆或其他静止物体。
2. 后倾，直到在沿背阔肌边缘的方向上感觉到拉伸。
3. 保持此姿势 30 秒。每天进行 3 到 5 次。

## 涉及的肌肉

**主要肌群：**背阔肌
**辅助肌群：**前锯肌

## 篮球训练要点讲解

此拉伸可恢复背部和肩部的柔韧性，有助于在投篮和防守时增加肩部的活动范围。

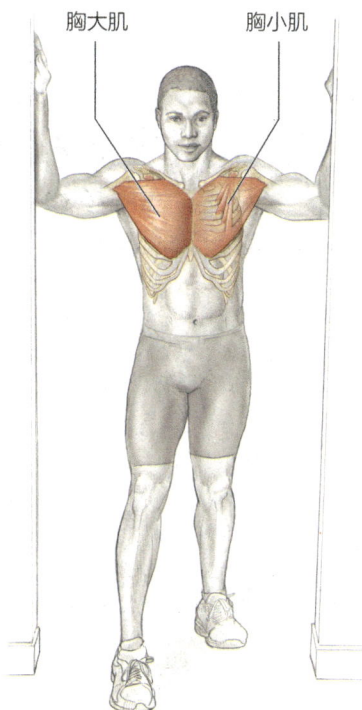

# 胸肌拉伸

胸大肌　　　胸小肌

## 训练步骤

1. 站在墙角或门口，双肘与肩等高。将前臂放在墙上。
2. 朝墙角或门口倾斜，直到在上胸部感觉到拉伸。
3. 保持此姿势 30 秒。每天进行 3 到 5 次。

## 涉及的肌肉

**主要肌群：**胸大肌、胸小肌

### 篮球训练要点讲解

　　此拉伸可恢复背部和肩部的柔韧性，有助于在投篮和防守时增加肩部的活动范围。

# 睡眠者拉伸

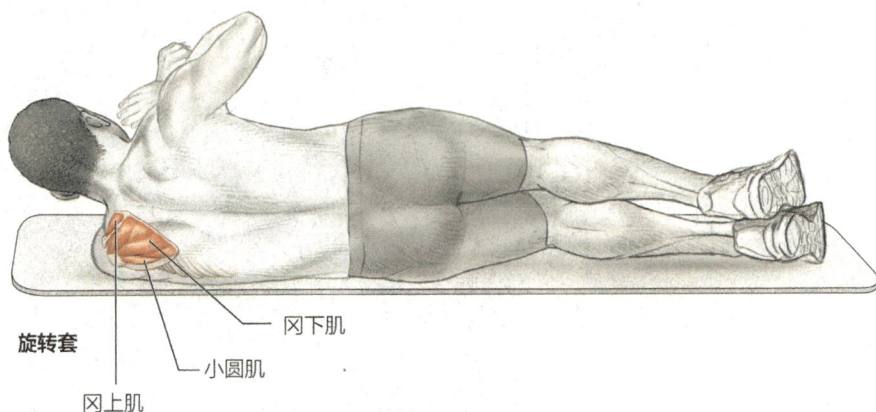

旋转套

冈下肌

小圆肌

冈上肌

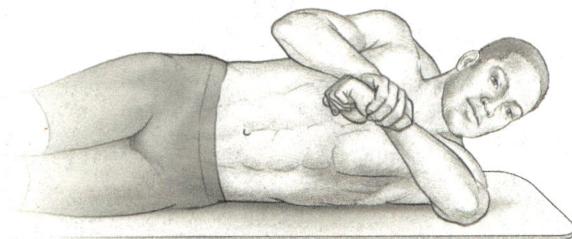

前视图

## 训练步骤

1. 受伤的肩膀朝下侧卧，就像睡觉时侧卧一样。

2. 在身前将小臂抬至 90 度角。将肘部弯曲 90 度，使手靠近上面的肩膀。

3. 使用上面的手适当地朝地面压下面的手，直到肩膀后部感觉到拉伸。

4. 保持此姿势 10 秒。重复 10 次。

## 涉及的肌肉

**主要肌群：** 旋转套（冈下肌、冈上肌、肩胛下肌、小圆肌）、三角肌后束

### 篮球训练要点讲解

此拉伸可恢复背部和肩部的柔韧性，有助于在投篮和防守时增加肩部的活动范围。

# 胸椎活动性

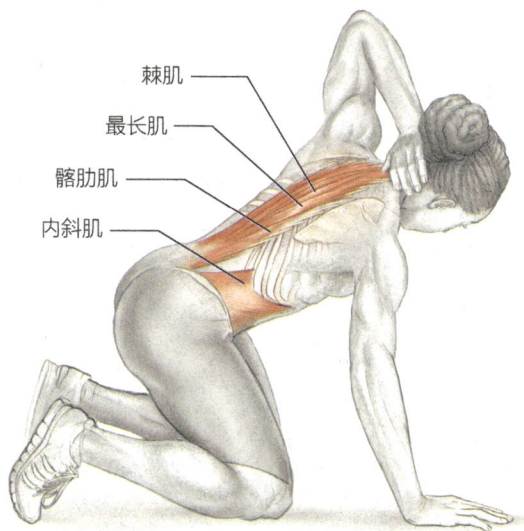

棘肌
最长肌
髂肋肌
内斜肌

## 训练步骤

1. 呈四足姿势（四肢着地）。抬起一只手臂，将手放在头后。

2. 朝前旋转头后的手臂。感觉到上背部在朝头后的手臂方向拉伸。

3. 保持此姿势 3 到 5 秒。在每侧重复 30 次。

4. 要提高此练习的难度，可站着抓住背后的竖杆。稍微弯曲双膝，将髋部弯曲约 75 度。从一侧向另一侧旋转。

## 涉及的肌肉

**主要肌群：**棘肌、最长肌、外斜肌、内斜肌

### 篮球训练要点讲解

此拉伸可恢复背部和肩部的柔韧性，有助于在投篮和防守时增加肩部的活动范围。

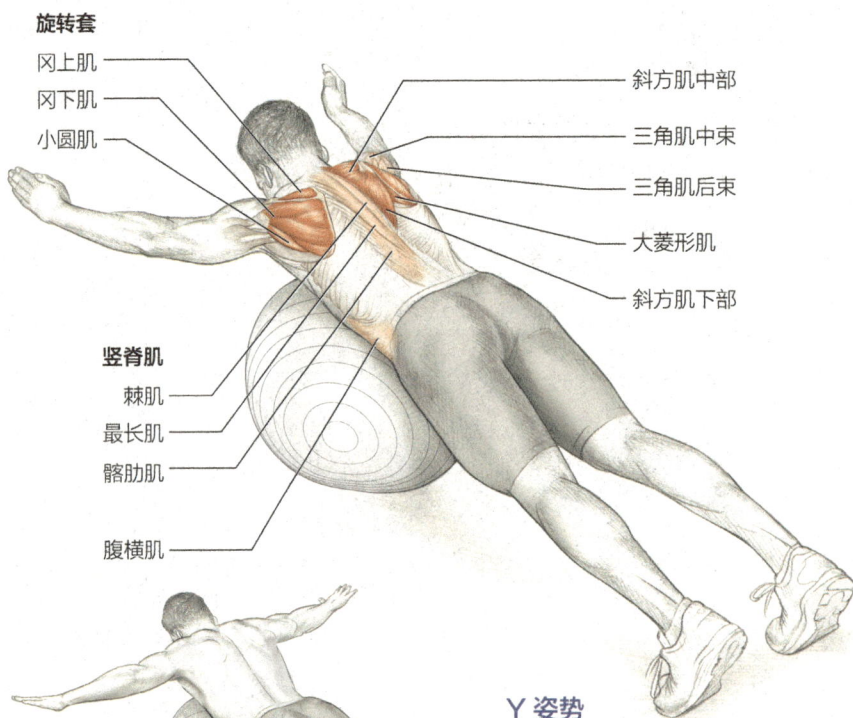

# YTW

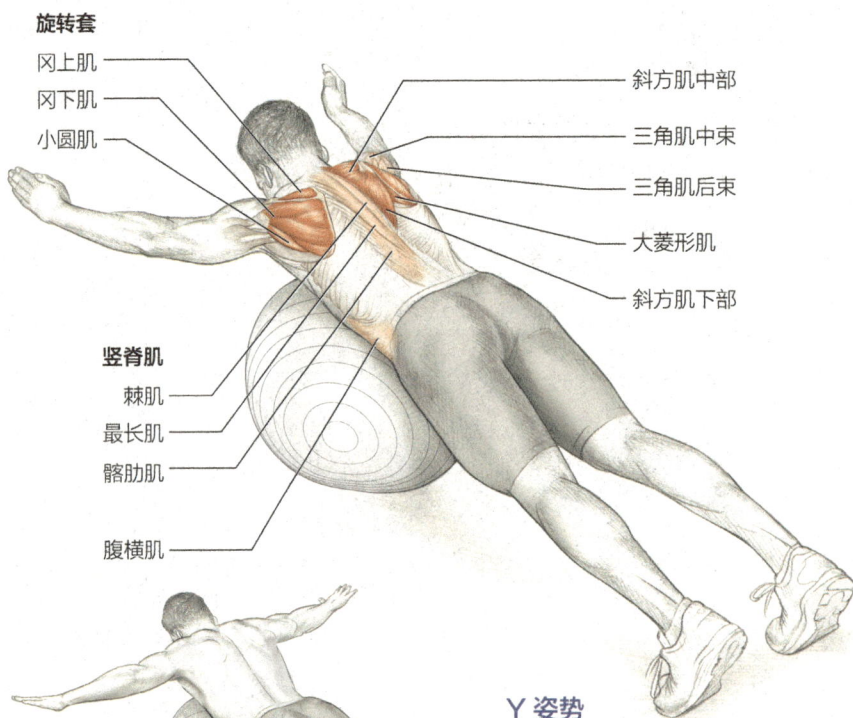

**旋转套**
冈上肌
冈下肌
小圆肌

斜方肌中部
三角肌中束
三角肌后束
大菱形肌
斜方肌下部

**竖脊肌**
棘肌
最长肌
髂肋肌

腹横肌

Y 姿势

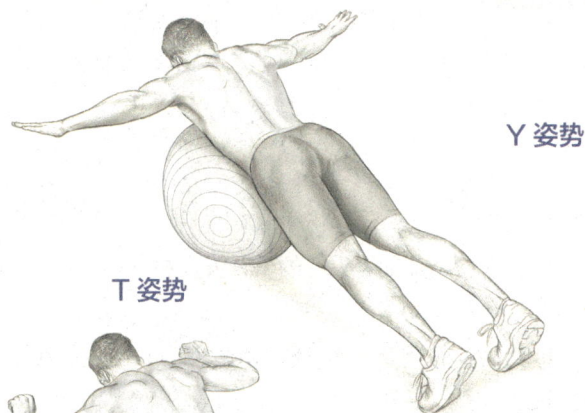

T 姿势

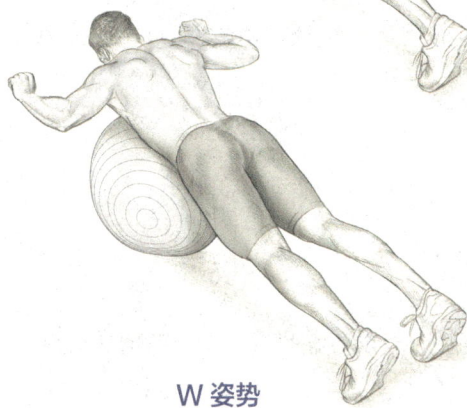

W 姿势

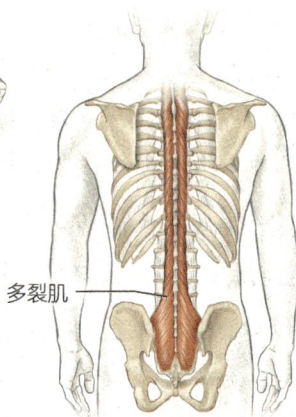

多裂肌

### 训练步骤

1. 俯卧在物理治疗球上，双臂放在两侧。

2. 挤压两块肩胛骨。对于 Y 姿势，双臂朝头顶伸直；返回到开始位置。对于 T 姿势，双臂朝两侧抬起；返回到开始位置。对于 W 姿势，朝两侧抬起手臂，双肘弯曲并朝上旋转上臂；返回到开始位置。

3. 交替进行 3 组 Y、T 和 W 姿势，每组包含 10 次重复动作。

4. 要提高此练习的难度，可增加手臂负重。

### 涉及的肌肉

**主要肌群：**斜方肌中部、斜方肌下部、菱形肌、旋转套（冈上肌、冈下肌、小圆肌、肩胛下肌）

**辅助肌群：**肱二头肌、三角肌后束、三角肌外侧、多裂肌、竖脊肌（髂肋肌、最长肌、棘肌）、腹横肌

---

#### 篮球训练要点讲解

拉伸肩胛可稳定肌肉，以便形成对投篮、防守和盖帽有帮助的正确肌肉触发模式。

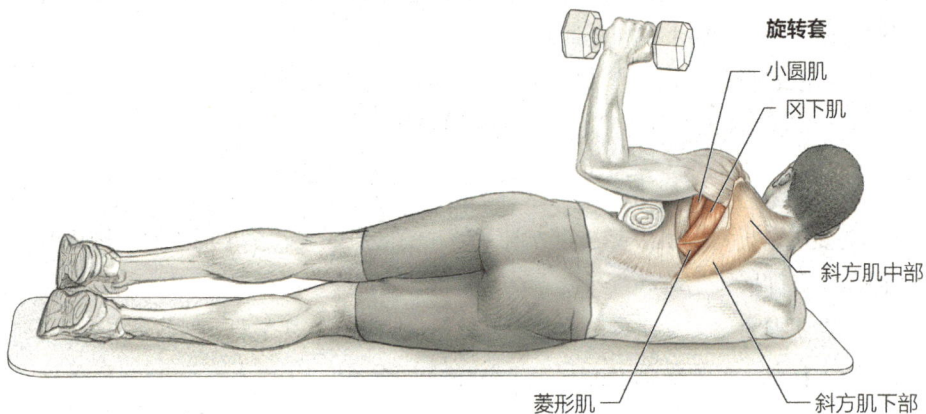

旋转套

小圆肌

冈下肌

斜方肌中部

菱形肌

斜方肌下部

## 训练步骤

1. 侧卧，在手臂下垫一个毛巾卷，肘部弯曲 90 度。

2. 将肩胛骨挤压到一起，朝天花板抬起前臂。保持肘部弯曲并旋转肩部。

3. 完成 3 组练习，每组包含 10 次重复。

4. 要提高此练习的难度，可增加手臂负重。

## 涉及的肌肉

**主要肌群：** 旋转套（冈下肌、小圆肌）

**辅助肌群：** 斜方肌中部、斜方肌下部、菱形肌

### 篮球训练要点讲解

拉伸旋转套肌肉将对投篮、防守和盖帽有帮助。

# 啦啦队式拉伸

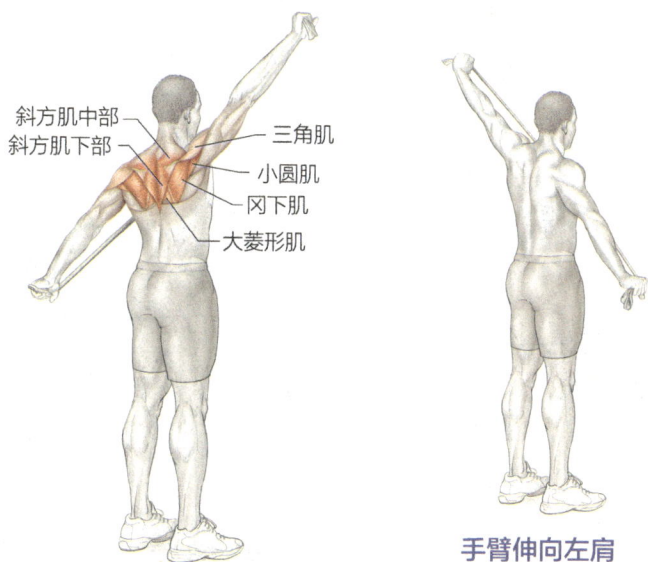

斜方肌中部
斜方肌下部
三角肌
小圆肌
冈下肌
大菱形肌

**手臂伸向左肩**

## 训练步骤

1. 站立，每只手在身前抓住橡皮带的一端。
2. 将肩胛骨挤压到一起，保持手臂伸直，朝两侧拉伸手臂。返回到开始位置。
3. 朝上和右肩方向拉伸手臂。返回到开始位置。
4. 朝两侧拉伸手臂。返回到开始位置。
5. 朝左上方拉伸手臂。返回到开始位置。
6. 进行此啦啦队式模式 3 组练习，每组包含 5 次重复。
7. 要提高此练习的难度，可使用阻力更大的橡皮带。

## 涉及的肌肉

**主要肌群：**斜方肌中部、斜方肌下部、菱形肌、旋转套（冈上肌、冈下肌、小圆肌、肩胛下肌）

**辅助肌群：**肱二头肌、三角肌前束、三角肌后束、三角肌外侧

## 篮球训练要点讲解

拉伸肩胛可稳定肌肉，以便形成对投篮、防守和盖帽有帮助的正确肌肉触发模式。

深层肌肉

更接近表层的肌肉

三角肌前束
三角肌外侧
冈上肌
斜方肌中部
斜方肌下部
小菱形肌
大菱形肌

## 训练步骤

1. 站立，握住一个杠铃或哑铃。双肘弯曲 30 度。

2. 在肩部高度握住重物。向头顶抬起手臂到完全伸展位置，以举起重物。重物的移动路径应直接举过头顶，双臂与双耳在一条线上。不要弓起背部或朝上看。

3. 缓慢地将重物降低到开始位置。

4. 进行 3 组练习，每组包含 10 次重复。

5. 要提高此练习的难度，可增加负重。

## 涉及的肌肉

**主要肌群：** 肩袖肌肉群（冈上肌）

**辅助肌群：** 三角肌前束、三角肌外侧、斜方肌中部、斜方肌下部、菱形肌、腹直肌

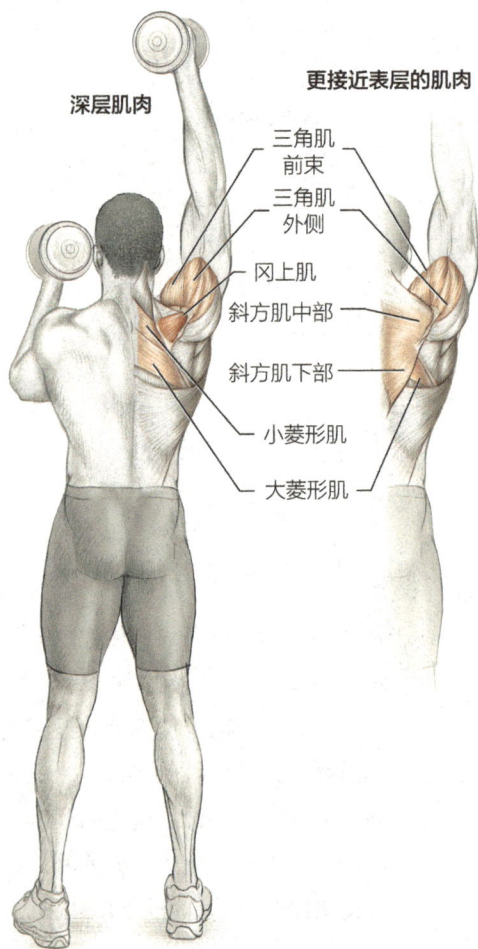

### 篮球训练要点讲解

加强肩袖肌肉群将增加肩部的一般性力量，进而提高投篮、防守和盖帽能力。

# 头顶健身球投掷

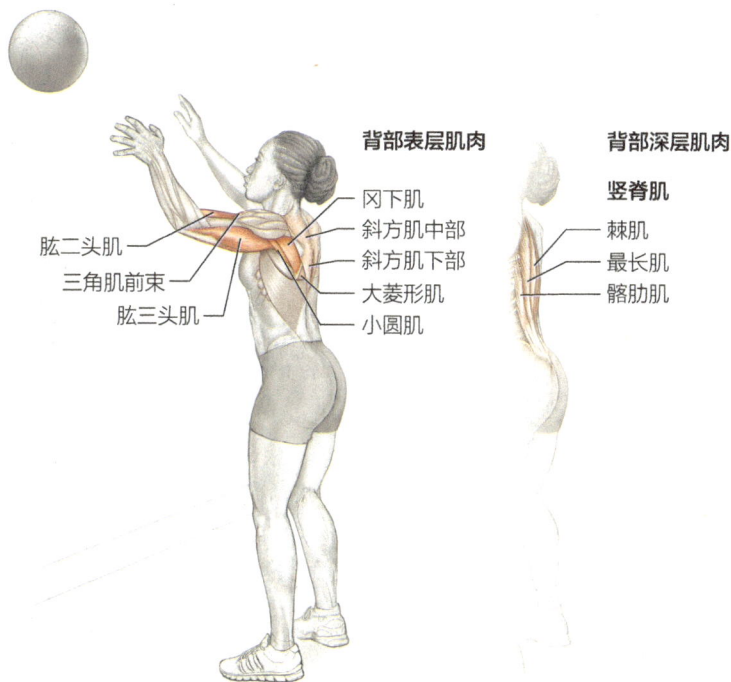

背部表层肌肉

冈下肌
斜方肌中部
斜方肌下部
大菱形肌
小圆肌

肱二头肌
三角肌前束
肱三头肌

背部深层肌肉

**竖脊肌**

棘肌
最长肌
髂肋肌

## 训练步骤

1. 在离墙几厘米的位置站立。在头顶握住一个健身实心球，双臂弯曲 90 度。

2. 反复朝墙投篮，模仿投边线球，每次持续 10 秒。

3. 进行规定的投掷次数。

4. 要提高此练习的难度，可使用更重的健身实心球或增加计时间隔。

## 涉及的肌肉

**主要肌群：** 肱二头肌、肱三头肌、旋转套（冈上肌、冈下肌、小圆肌、肩胛下肌）

**辅助肌群：** 三角肌前束、斜方肌中部、斜方肌下部、菱形肌、多裂肌、竖脊肌（髂肋肌、最长肌、棘肌）、腹横肌、腹直肌

### 篮球训练要点讲解

增强式训练可增加爆发力，对投篮和抢篮板球很有帮助。

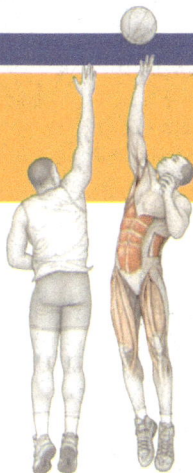

# 第 9 章

# 预防受伤，避免成为替补

**治**疗伤病的最佳方式是从一开始就绝不受伤。篮球运动员希望留在场上，而不是坐在替补席上。聪明的健身和训练有助于预防过度使用、重复性动作和过度训练所导致的慢性损伤。这会转化为没有肩痛的三分球和没有跛行的快攻。

身体中与篮球运动表现相关的两个最重要关节是膝关节和肩关节。尽管 NBA 中的前交叉韧带（ACL）损伤仅占所有篮球运动损伤的 13%，但它是最容易让人变虚弱的损伤，其次是肩部复合体的损伤。膝盖对成功的篮球运动发挥着关键作用，因为它们参与了几乎每个动作，包括跳起抢篮板球，在球场上跑动和改变方向。肩膀在所有投篮、盖帽和抢篮板球动作中发挥着作用。由于频繁的头顶动作，肩部的过度使用损伤很常见。

在本章中，我们介绍预防这些区域受伤（如果你愿意，还包括康复训练）的重要方式，首先从膝盖开始。

## 预防 ACL 损伤

ACL 损伤预防计划在过去几年受到了很大的关注，这在很大程度上是由于 ACL 损伤变得很常见以及它具有毁灭性的影响。

韧带由强壮的纤维结缔组织组成，在两根骨头之间提供稳定性。ACL（如图 9.1 所示）从股骨外髁的内侧连接到胫骨平台上的胫骨脊的前内侧。ACL 的功能是限制胫骨相对于股骨发生内旋转和前移。

篮球运动具有所有运动中最高的 ACL 撕裂率［普罗兹罗莫斯（Prodromos）等，2007 年］。女性运动员发生 ACL 损伤的可能性是男性运动员的 4 到 6 倍；与大学和职业篮球运动员相比，高中运动员似乎更容易受伤。此外，ACL 撕裂的毁灭性影响获得了广泛的关注。想想疼痛的短期影响、功能受限，决定进行手术重建的困难性，以及返回球场所必要的高强度康复训练，更别提缺席至少一个完整赛季的比赛。发生 ACL 撕裂的运动员中，大约 23% 的人将发生第二次 ACL 损伤。长期影响可能更糟。一些研究表明，受伤后 20 年内，无论运动员是否进行康复训练，膝盖 100% 都会发生骨关节炎。这意味着撕裂了 ACL 的 15 岁女性运动员在 35 岁时或之前将患有临床上显著的膝关节炎，她的另一个膝盖中的 ACL 有 1/4 的概率再次撕裂或受伤。预防是 ACL 损伤的最佳治疗方法。

图 9.1 膝盖韧带和组织

ACL 损伤能否预防的问题在文献中引起了激烈的争论。不幸的是，任何计划都无法提供 100% 的保证。尽管只是语义上的问题，但你应将此视为减少受伤而不是预防。事实是，你无法预防所有撕裂，但可以帮助减少发生次数。你不可能预防直接创伤导致的 ACL 撕裂，但是大部分 ACL 撕裂都是非接触性损伤，这意味着损伤与运动员打篮球时的移动方式的关系更密切。显然，如果可通过训练来正确地移动，加强参与控制高效移动模式的肌肉，就可以减少受伤的可能性。

ACL 损伤最常由 3 种组合动作引起：加剧的胫骨外旋转、加剧的髋部内旋转和内收，以及动力性膝盖外翻。单独进行这些动作中的任何一种，通常都不会损伤 ACL，但组合在一起时，施加在韧带上的力就非常大了。

我们仔细看看所谓的动力性外翻的概念。外翻指的是一种内八字脚姿势，内翻指的是一种罗圈腿姿势。在进行一种体育活动（比如抢篮板球后着地）时运动员的膝盖过于朝内，就会发生动力性外翻。这种外翻动作会给 ACL 施加不自然的力，使它容易扭伤。这种场景通常发生在跳起后着地、转身或急转向时。在具体的急转向中，运动员在跑动中减速来快速改变方向时，常常会产生这种高压力。未预料到任何这些动作时（在篮球运动中常常发生此情况），尤其会产生此结果。例如，一位正跑向篮筐的运动员试图用假动作骗过防守者。在减速的那一刻，如果运动员的躯干、髋部和腿部肌肉不够强壮，无法保持最佳的一致性，运动员的腿会折叠到这个危险的位置（动力性外翻），进而让韧带面临受伤风险。这通常

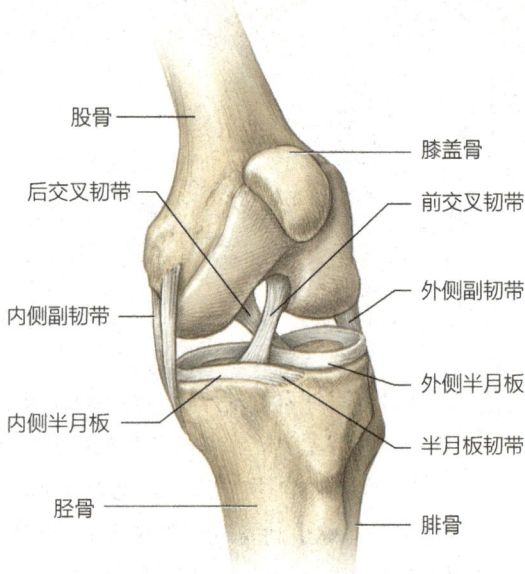

发生在一刹那。

得益于辛辛那提儿童医院研究员蒂莫西·休伊特、格雷格·迈尔和凯文·福特完成的出色工作，ACL 损伤预防训练计划已进步到如今的水平（Myer 等，2008年；Myer、Ford 和 Hewett，2004 年、2008 年）。这些研究员分析了使运动员容易发生 ACL 损伤的神经肌肉失衡模式，以及如何识别和最佳地训练来纠正它们。已识别出 4 种神经肌肉失衡模式：韧带受力过大（ligament dominance）、股四头肌优先性（quadriceps dominance）、优势腿（leg dominance）和躯干优先性（trunk dominance）。在成熟的 ACL 预防计划中，训练过程更加全面，需要来自有能力的专业人员的关键反馈。这些练习和训练是渐进的，应根据运动员的个人需求实现进阶。练习从更为静态性的力量练习进阶到更具动力性的练习，后者注重爆发力和技术，让运动员为运动中的压力和需求做好最充分的准备。没有通用的训练计划。美国纽约州加登城的职业运动能力中心（Professional Athletic Performance Center）有一个训练计划，填补了传统物理治疗法的末尾与运动表现训练的开端之间的空白。下一节提供了一些解决每种神经肌肉失衡模式问题的基础力量练习。

## ACL：韧带受力过大

借助带子的下蹲

借助带子的防御性滑步

侧卧位贝壳运动

## ACL：股四头肌优先性

借助物理治疗球的腿后肌群卷曲

俄罗斯腿后肌群卷曲

## ACL：优势腿

箱上单腿下蹲

保加利亚箭步下蹲

## ACL：躯干优先性

半圆球上提腿仰卧起坐

借助物理治疗球的侧屈

# 神经肌肉失衡模式一：韧带受力过大

韧带受力过大或动力性外翻就会出现内八字脚姿势。要避免这种危险的动作模式，需要加强髋部外侧肌肉的力量。以下 3 种练习可解决韧带受力过大问题。

# 借助带子的下蹲

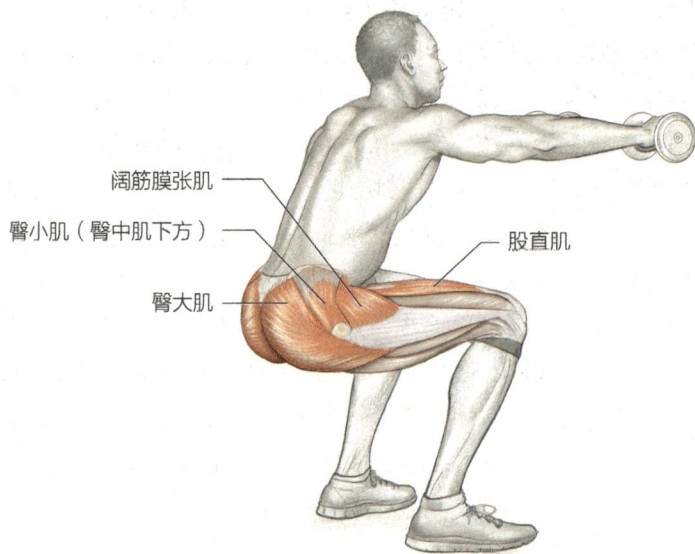

阔筋膜张肌

臀小肌（臀中肌下方）

臀大肌

股直肌

## 训练步骤

1. 将一条橡皮带套在双膝下方。基于你保持双腿与肩同宽且膝盖适当地对齐的能力而设置阻力。

2. 下蹲，直到大腿与地面平行。下蹲到最低位置时，继续向带子施加向外的张力，激活臀中肌和臀小肌。

## 涉及的肌肉

**主要肌群：** 股四头肌（股直肌、股外侧肌、股内侧肌、股中间肌）、臀中肌、臀小肌

**辅助肌群：** 阔筋膜张肌、腿后肌群（半腱肌、股二头肌、半膜肌）

### 篮球训练要点讲解

借助带子的下蹲可锻炼髋部力量，以便你在急转向和改变方向时稳住身体。如果你是初学者，可首先使用最小阻力的带子，随着力量增加而进阶到更大阻力。与下蹲一样，正确的双脚位置和对膝盖位置的关注在此练习中很重要。

# 借助带子的防御性滑步

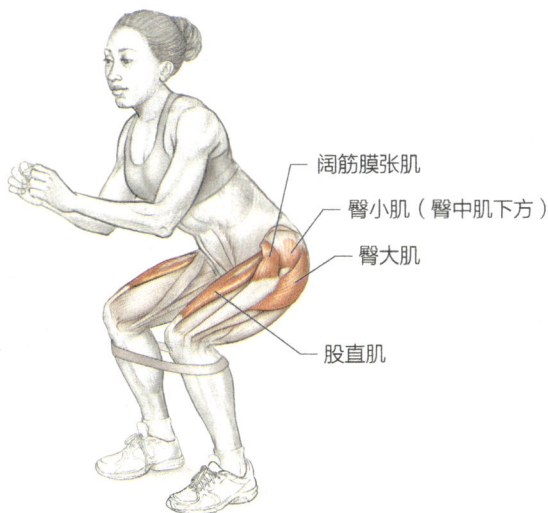

阔筋膜张肌

臀小肌（臀中肌下方）

臀大肌

股直肌

## 训练步骤

1. 将一条橡皮带套在两个膝盖上。首先做好适当的防御性姿势，在带子上保持足够的张力，避免松弛。

2. 用一条腿进行防御性滑步，增加带子上的张力。基于你的力量水平，达到最大张力时，移动另一条腿来返回到适当的防御性姿势。

3. 进行此训练需要的距离或重复次数。

4. 通过朝另一侧移动来重复该过程。

## 涉及的肌肉

**主要肌群：**股四头肌（股直肌、股外侧肌、股内侧肌、股中间肌）、臀中肌、臀小肌

**辅助肌群：**阔筋膜张肌、腿后肌群（半腱肌、股二头肌、半膜肌）

### 篮球训练要点讲解

此练习模仿篮球运动中进行的防御性滑步。进行此练习时可保持双臂伸展，就像在防御对手一样。正如借助带子的下蹲练习中所说的，此练习有助于锻炼髋部力量。在转身和急转向时，髋部和臀肌的力量对稳住小腿很重要，尤其是对于女性篮球运动员而言。

ACL：韧带受力过大

## 侧卧位贝壳运动

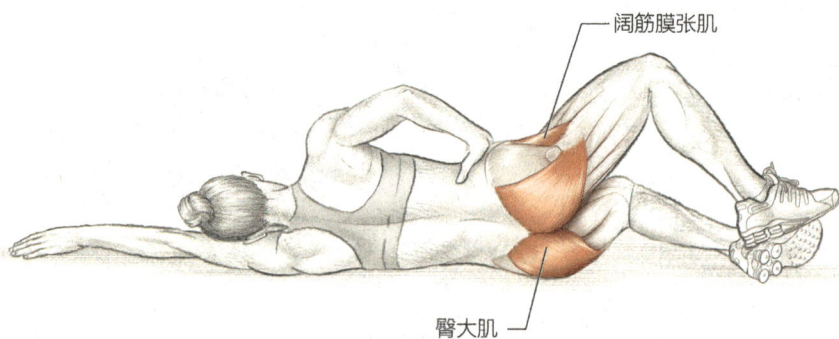

阔筋膜张肌

臀大肌

### 训练步骤

1. 将一条橡皮带绑在两个膝盖上方。侧卧，膝盖和髋部弯曲约 90 度。头、肩、膝盖和脚踝应在一条直线上。

2. 保持合适的侧卧姿势，分开双膝并朝外旋上面的腿，在带子中产生张力。返回到开始位置。

3. 进行规定的重复和换侧次数。

### 涉及的肌肉

**主要肌群：** 臀中肌、臀小肌、阔筋膜张肌、梨状肌、闭孔外肌、股方肌

**辅助肌群：** 缝匠肌

### 篮球训练要点讲解

此练习锻炼臀肌和髋部力量。进行此练习时，避免过度旋转上半身。保持头、肩、膝盖和脚踝在一条直线上。旋转上面的腿时，双脚不要分开；所有动作都在髋部进行。

## 神经肌肉失衡模式二：股四头肌优先性

在股四头肌优先性中，股四头肌群的力量大于腿后肌群。没有客观的数据（比如昂贵的等速测试）很难准确评估此失衡情况，但教练经过训练的眼睛可在你以僵硬的膝盖着地时识别出此情形。在你没有达到膝盖深屈时，教练可正确地假设这是由于下方的腿后肌群无力和过度依赖于股四头肌力量所导致的。这种失衡不会给腿后肌群减弱力量的机会。要纠正此模式，需要注意让完整的后链（腿后肌群、臀肌和腰背部）更好地吸收在跳起后着地时产生的力。以下是解决股四头肌优先性问题的两种腿后肌群练习。

# 借助物理治疗球的腿后肌群卷曲

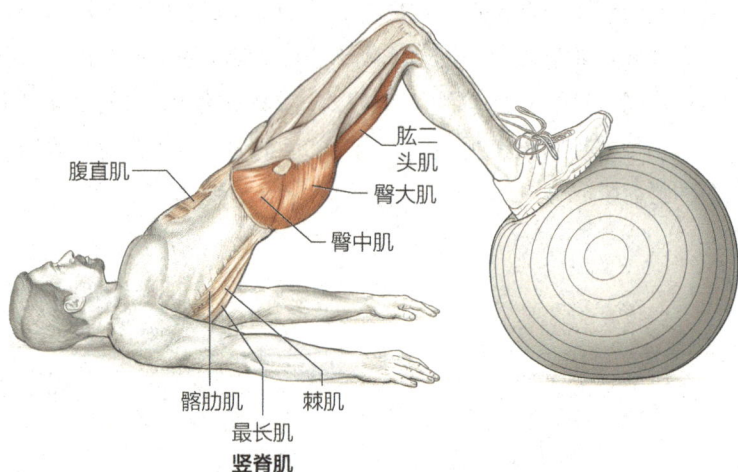

腹直肌

肱二头肌

臀大肌

臀中肌

髂肋肌    棘肌

最长肌

**竖脊肌**

## 训练步骤

1. 仰卧在地上，双脚放在物理治疗球上，双腿伸直。

2. 将髋部抬离地面，进行背桥动作。

3. 保持背桥姿势，弯曲双膝并朝臀部滚动球，然后返回。降低到开始位置。

4. 进行规定的重复次数。

## 涉及的肌肉

**主要肌群：** 腿后肌群（股二头肌、半膜肌、半腱肌）、臀大肌、臀中肌、臀小肌

**辅助肌群：** 竖脊肌（髂肋肌、最长肌、棘肌）、腹直肌

### 篮球训练要点讲解

　　在赛季中可能发生得最多的损伤之一就是腿后肌群拉伤。如果没有正确恢复，腿后肌群拉伤可能会持续几个月，可能很久都无法恢复。借助物理治疗球卷曲腿后肌群，可锻炼腿后肌群的力量，以及在背桥动作中增加腰背部和腹部力量。女性篮球运动员需要更多的后部力量，因为许多运动员在着地和急转向时主要使用股四头肌。增加腿后肌群力量可帮助你在这些类型的运动中保护膝盖。

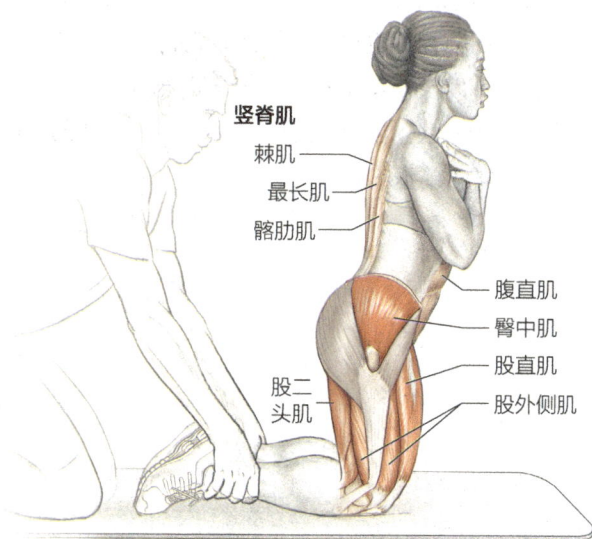

**竖脊肌**
棘肌
最长肌
髂肋肌

腹直肌
臀中肌
股直肌
股外侧肌

股二
头肌

## 训练步骤

1. 双膝跪地，让伙伴固定住两个脚踝。将双臂放在两侧，肘部弯曲，双臂交叉。

2. 伸展双膝，同时保持脊柱位于正中。尽可能降低身体。

3. 在不弯曲髋部的情况下达到最远的距离时，使用腿后肌群返回到开始位置。

4. 进行规定的重复次数。

## 涉及的肌肉

**主要肌群：** 腿后肌群（股二头肌、半膜肌、半腱肌）、臀中肌、臀小肌

**辅助肌群：** 竖脊肌（髂肋肌、最长肌、棘肌）、腹直肌

### 篮球训练要点讲解

此练习是更高级的腿后肌群拉伸练习，需要一位伙伴的帮助。在训练期间，可使用此练习作为补充。由于比赛期间在球场上的跑动量很大，有限的腿后肌群力量会使你面临较高的受伤风险。

## 神经肌肉失衡模式三：优势腿

优势腿与不对称的力量有关——即一条腿比另一条腿更强壮。如果更喜欢用一条腿，很自然会出现此情况，就像优势手一样。另外，如果受伤后返回赛场时没有完全恢复伤前的力量，也可能发生此情况。纠正此模式的关键是进行双侧力量运动（比如下蹲）以及使用单腿练习来渐进地训练（比如跨步和上台阶）。为了在拉伸训练计划中解决优势腿问题，我们通常在 1/3 的腿部练习中进行单侧训练。以下是两种不错的单腿练习。

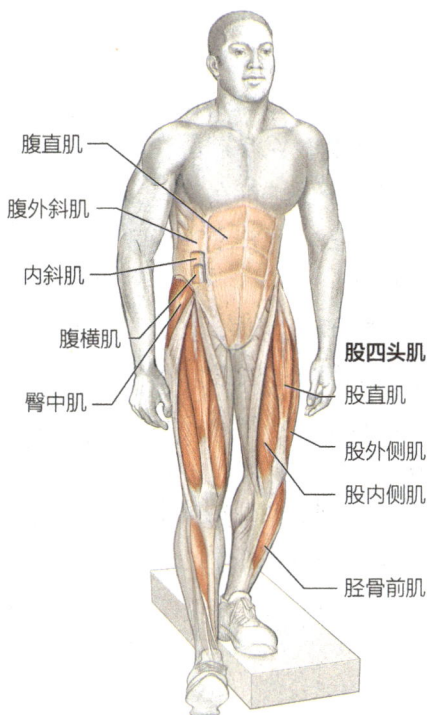

腹直肌

腹外斜肌

内斜肌

腹横肌

臀中肌

**股四头肌**

股直肌

股外侧肌

股内侧肌

胫骨前肌

## 训练步骤

1. 将一条腿放在 12 英寸（30 厘米）高的箱子上，并保持平衡。对侧腿离开箱子边缘，脚背屈。

2. 弯曲箱上的腿的膝盖，缓慢降低身体，直到对侧腿脚跟接触地面。

3. 脚跟接触地面后，上升到开始位置。

4. 进行规定的重复和换腿次数。

## 涉及的肌肉

**主要肌群：** 臀大肌、臀中肌、臀小肌、股四头肌（股直肌、股外侧肌、股中间肌、股内侧肌）、半膜肌、半腱肌、胫骨前肌

**辅助肌群：** 竖脊肌（髂肋肌、最长肌、棘肌）、腹横肌、腹直肌、内斜肌、外斜肌

### 篮球训练要点讲解

箱上单腿下蹲既需要力量，又需要平衡。如果不熟悉此练习，而且有平衡问题，可抓住某个固定的物体。此练习可锻炼较弱腿的力量和稳定性。进行此练习时注意采用正确的技术。你可以注意到一侧腿与另一侧腿的力量差异，尤其是在跑向篮筐或带球上篮时，优势侧的用力会更大。

## 训练步骤

1. 首先呈跨步姿势，前腿完全支撑身体，另一条腿放在身后的长凳或箱子上。可在双肩上放一根举重杆来进行此练习。

2. 降低身体，直到前腿膝盖弯曲90度。尽可能远地跨出前腿，膝盖不要超过脚踝。

3. 进行规定的重复和换腿次数。

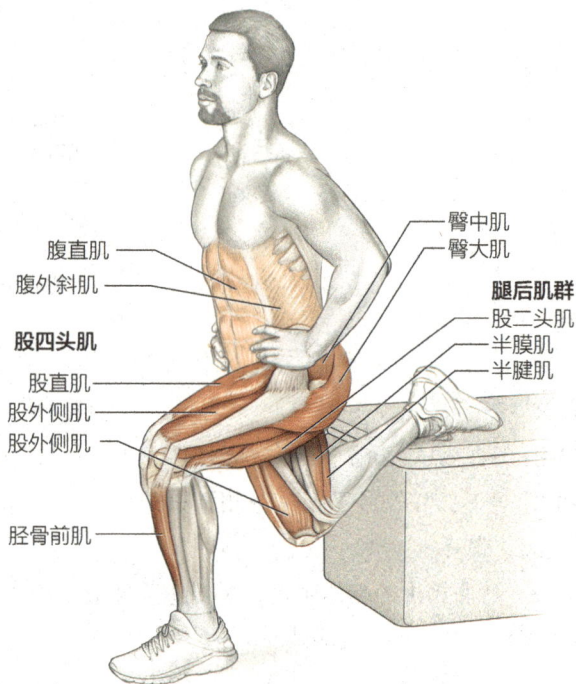

臀中肌
臀大肌
腹直肌
腹外斜肌
**腿后肌群**
股二头肌
半膜肌
半腱肌
**股四头肌**
股直肌
股外侧肌
股外侧肌
胫骨前肌

## 涉及的肌肉

**主要肌群：**臀大肌、臀中肌、臀小肌、股四头肌（股直肌、股外侧肌、股中间肌、股内侧肌）、半膜肌、半腱肌、胫骨前肌

**辅助肌群：**竖脊肌（髂肋肌、最长肌、棘肌）、腹横肌、腹直肌、内斜肌、外斜肌

### 篮球训练要点讲解

像单腿下蹲一样，保加利亚箭步下蹲是一种高级练习。此练习需要比单腿下蹲更多的躯干稳定性，因为后脚位于箱子或长凳上。你可以发现一侧腿比另一侧更加强壮，所以要记住将质量严格保持在更弱的那一侧。单腿力量训练有助于在单脚起跳时，向地面施加更大的力。它在抢篮板球后着地时也有帮助。

## 神经肌肉失衡模式四：躯干优先性

　　躯干优先性也称为核心无力。在无法控制身体，且重心未保持在支撑面上方时，此模式很明显。这可通过拉伸躯干肌肉，锻炼更高的本体感觉水平（人体意识）来纠正。以下是解决躯干优先性问题的两种练习。

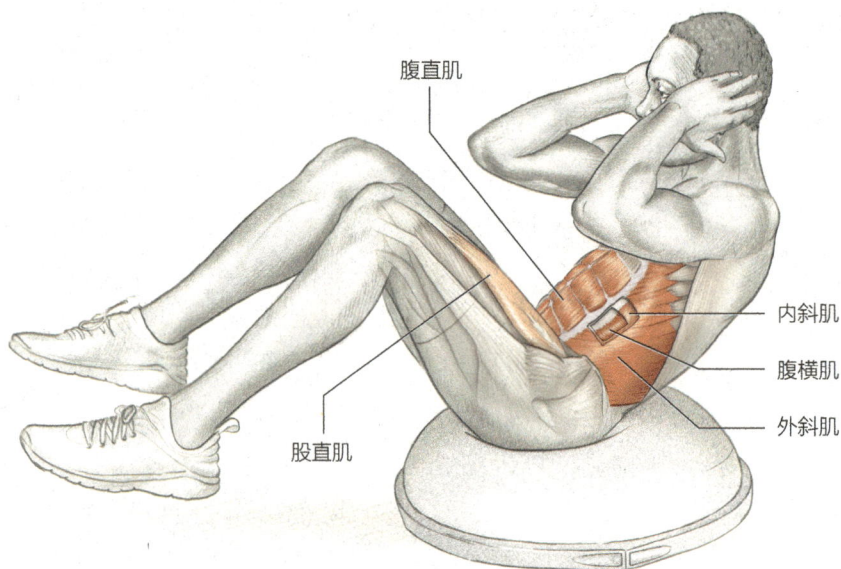

腹直肌

内斜肌

腹横肌

外斜肌

股直肌

## 训练步骤

1. 坐在半圆球的球面上，保持平衡。
2. 弯曲躯干，同时弯曲髋部。弯曲膝盖和肘部，将双手放在耳旁。
3. 进行规定的重复次数。

## 涉及的肌肉

**主要肌群：**腹直肌、腹横肌、内斜肌、外斜肌

**辅助肌群：**竖脊肌（髂肋肌、最长肌、棘肌）、股直肌、髂腰肌

## 篮球训练要点讲解

所有体育运动（跑、跳和防守）都需要强壮的核心。保持强壮的核心可帮助你在被对手撞上时坚守住阵地。在改变方向或跳起后着地时，躯干肌肉会稳住重心。在急转向和急停时，惯性会持续，除非拥有躯干力量来阻止惯性。如果没有这种躯干力量，那么膝盖受伤的风险就会变高。

腹直肌
内斜肌
腹横肌
外斜肌
阔筋膜张肌

## 训练步骤

1. 将物理治疗球放在髋部下方，侧向倚靠在它之上。将一条腿放在另一条腿前面，将双脚抵住一面墙以稳住下半身。

2. 保持全身在一条直线上，从肩部到髋部、膝盖和脚踝。在物理治疗球上侧屈上半身，然后返回到开始位置。可在头顶握住一个重球来提高练习难度，使练习更有挑战。

3. 进行规定的重复和换侧次数。

## 涉及的肌肉

**主要肌群：** 内斜肌、外斜肌、腹横肌

**辅助肌群：** 竖脊肌（髂肋肌、最长肌、棘肌）、腹直肌、阔筋膜张肌

### 篮球训练要点讲解

像半圆球上提腿仰卧起坐一样，借助物理治疗球的侧屈可锻炼旋转和侧屈所需的侧部肌肉组织。因为要在多个平面上移动，所以躯干的所有区域都需要很强壮。在跳跃和争抢篮板球时，你的上半身可能处于不舒服的位置。强壮的核心有助于稳住上半身，减少你在跳起后着地时膝盖上的压力。

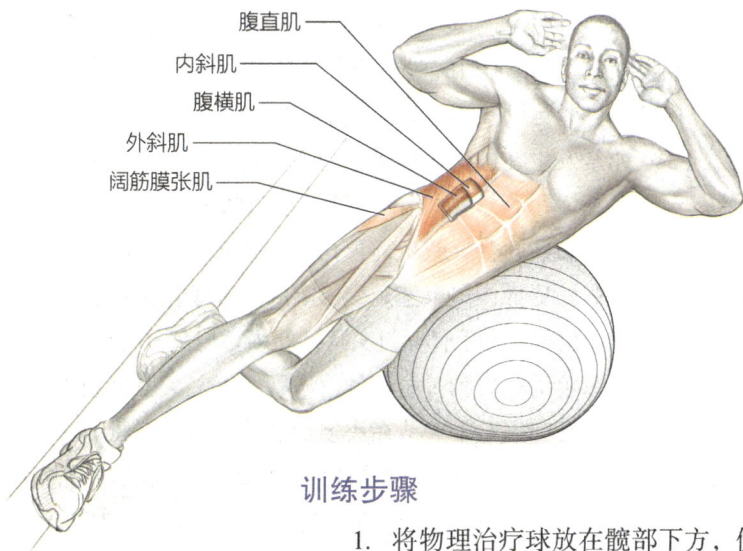

# 预防肩部损伤

肩胛骨运动障碍这个词是 J. P. 华纳（J. P. Warner）博士发明的（1992 年），他在其 64% 的盂肱关节不稳定性患者和接近 100% 的旋转套撞击症患者中发现了此情况。此情况也称为 SICK 肩胛骨：肩胛骨错位、内下侧边缘优先性、喙突疼痛和错位，以及肩胛骨运动障碍。它描述了肩胛骨（肩胛带）在运动期间不正常的移动。此症状通常发生在进行头顶运动的运动员中，比如投掷和篮球运动员，而且通常具有肩胛骨位置不正常（比如下垂或呈翼状）的特征。

肩胛骨运动障碍被认为会导致肩部损伤（比如撞击）。尽管似乎受影响的肩膀的位置比另一侧肩膀更低，但事实是受影响的肩胛骨错位；它常常前倾且伸展开。肩胛骨的这种错位可能在手臂举过头顶期间损害肩部复合体。

肩部的盂肱（球窝）和肩胸（肩胛骨位于胸腔上）关节会经历特定的头顶动作顺序。在正常的肩膀中，两个关节在头顶运动的矢状和冠状面中表现出一种特定的关系。最初抬高手臂时，前 30 度描述为动作的下沉阶段。手臂从 30 度抬高到 90 度时，手臂每抬高 2 度，肩胛骨就会朝上旋转 1 度。手臂在头顶动作中继续从 90 度抬高到 180 度时，此比率调整为 1∶1。因此，手臂抬高 120 度，肩胛骨将旋转 60 度，导致在手臂移到头顶时肩部总共运动了 180 度。

头顶动作的这种配合顺序必不可少。在头顶动作中，肱骨头（球窝关节中的球）保留在关节窝（球窝）中心很重要。因为关节窝是肩胛骨的一部分，所以头顶动作中正确的肩胛骨位置至关重要。在此运动过程中，肩胛骨偏移或肩胛骨运动障碍可能导致肩部受伤，尤其是反复进行该动作时，比如在篮球运动中。预防此情况不仅对在整个赛季中继续无伤痛地参加比赛很重要，对最佳的篮球运动表现也很重要。

肩胛骨运动障碍和可能的肩部疾病的 3 种常见原因是肌肉和后囊紧绷、肌无力和肌肉疲软。常常发生的伴随有肩胛骨运动障碍的紧绷，通常可在胸小肌中观察到，这可能导致肩胛骨和肩部后囊前倾；还可能导致盂肱内旋限制（GIRD）。GIRD 会造成肱骨头强制性向上前方平移，以及关联的肩部内旋能力丧失。

肩胛骨上常见的肌无力发生在前锯肌、斜方肌中下部和菱形肌中。这些肌肉无力或被抑制时，它们产生扭矩和稳住肩胛骨的能力就会受限。无力的一种额外影响是这些肌肉的异常触发模式，导致不良的肩胛骨结构和位置。

根据 T. L. 密茨凯维奇博士的一项经典研究论文中的记录，肌肉疲软也可能影响盂肱动作（陈等，1999 年）。肩部肌肉疲软被证明会导致肱骨头从关节窝中央的正常位置朝上方移动，导致肩峰下空间变窄，给可能的肩部撞击症埋下隐患。

疲软还会影响肩胛骨的位置：它可能前旋、伸展和下旋。这种异常的肩胛骨位置和肱部的上移相结合，可能导致肩部疾病。以下练习可能有助于预防肩胛骨运动障碍，减少发生肩部疾病的风险。

后囊（睡眠者）拉伸

胸肌拉伸

肩胛面外展

俯卧撑

硬推

坐姿屈伸

水平外展

# 后囊（睡眠者）拉伸

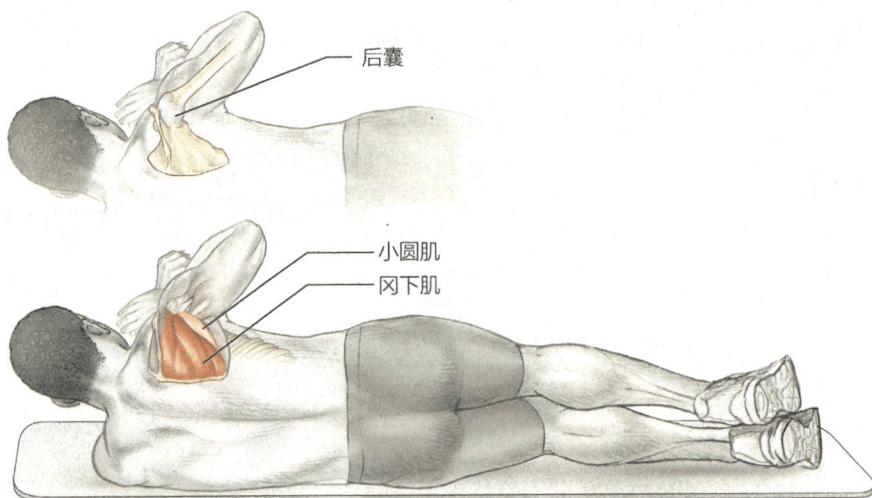

后囊

小圆肌
冈下肌

## 训练步骤

1. 侧卧在垫子上，抬起或用枕头支撑头部。

2. 将下面的手臂抬至90度，将肘部弯曲至90度。弯曲膝盖以形成稳定的支撑面。

3. 将另一侧的手放在受伤侧的手腕下，缓慢地朝地面推（旋转）前臂，直到感到轻微的拉伸。肩部和肘部一定要保持90度角的姿势。

4. 保持拉伸20到30秒。

5. 进行3到5次重复。换另一侧。

## 涉及的肌肉

**主要肌群：** 后囊、冈下肌

**辅助肌群：** 小圆肌

### 篮球训练要点讲解

睡眠者拉伸通常被视为棒球拉伸，但它对篮球运动员同样有用。篮球运动需要在进攻和防守期间将手臂反复举过头顶。在此区域实现最佳的柔韧性和活动性可改善肩部功能。

# 胸肌拉伸

## 训练步骤

1. 站在门口。

2. 将双臂抬至 90 度（肩膀高度）的位置。将双肘弯曲 90 度，将前臂放在门框两侧。

3. 朝门内稍微前倾，直到胸部肌肉感到轻微拉伸。

4. 保持此拉伸 20 到 30 秒。

5. 进行 3 到 5 次重复。

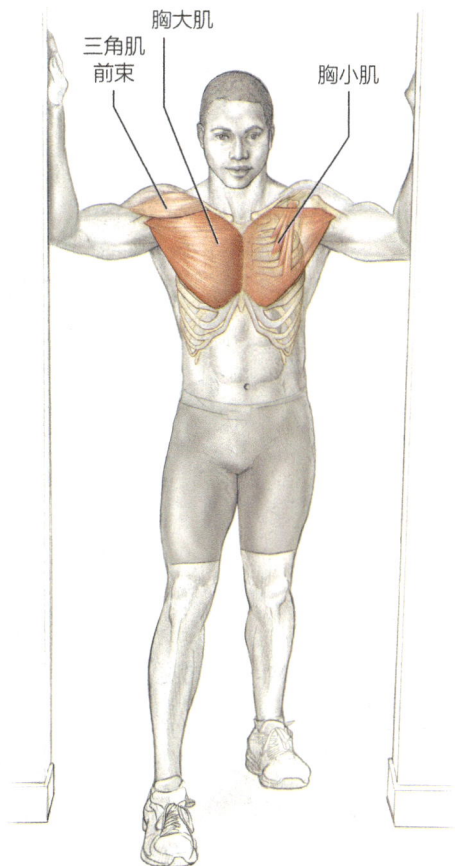

## 涉及的肌肉

**主要肌群：** 胸大肌、胸小肌
**辅助肌群：** 三角肌前束

### 篮球训练要点讲解

双臂举到头顶和跳起阻止对方进攻时，柔韧的胸大肌使你能保持正确的防御性姿势。如果胸肌缺乏柔韧性，则无法有效或高效地将手举到头顶或向两侧伸开，尤其是四肢较长时。

# 肩胛面外展

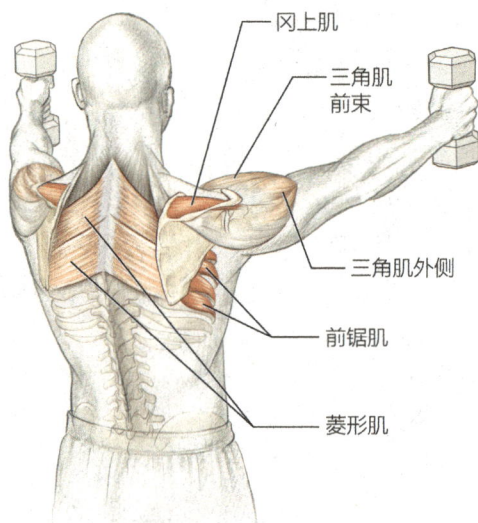

- 冈上肌
- 三角肌前束
- 三角肌外侧
- 前锯肌
- 菱形肌

## 训练步骤

1. 站立，双脚与肩同宽。每只手在大腿两侧握住一个规定质量的哑铃，拇指朝正前方。

2. 抬起手臂，保持它们伸直且与身体呈45度角，直至到达肩部高度。

3. 以受控的方式将哑铃降低到开始位置。

4. 进行规定的重复次数。

## 涉及的肌肉

**主要肌群：** 前锯肌、冈上肌

**辅助肌群：** 三角肌前束、三角肌外侧、菱形肌

### 篮球训练要点讲解

此练习在肩胛带上建立所需的力偶，以便高效地将手臂移到头顶来投篮。它还可解决在卧推等更常见的传统练习中忽略了这些肌肉时，常常发生的肌肉失衡现象。

# 俯卧撑

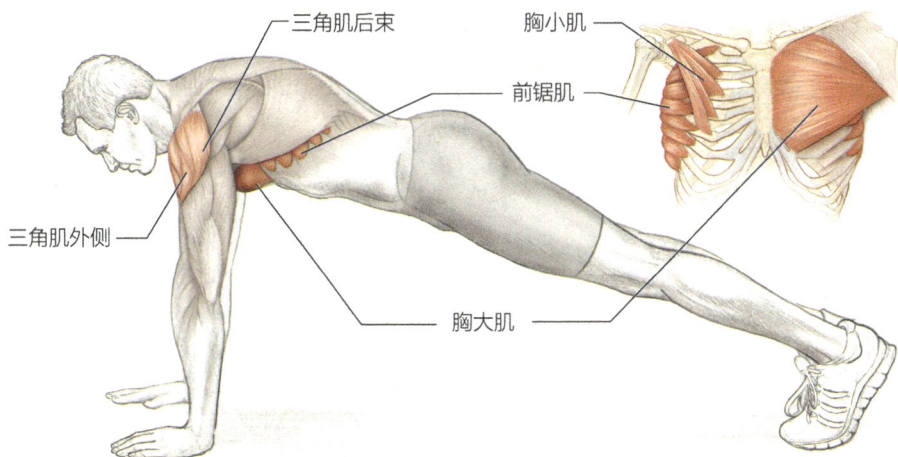

三角肌后束

胸小肌

前锯肌

三角肌外侧

胸大肌

## 训练步骤

1. 面朝下趴在地上，呈传统的俯卧撑姿势，双手与肩同宽，双肘弯曲，手掌着地，身体完全伸展。

2. 保持身体打直，伸展双臂，呈俯卧撑中完全撑起的姿势。

3. 继续推地面并伸展上背部，直到它比肩部高 2~3 英寸（5~8 厘米）。

4. 将身体降低到地面，返回到开始位置。

5. 进行规定的重复次数。

## 涉及的肌肉

**主要肌群：** 前锯肌、胸大肌、胸小肌

**辅助肌群：** 三角肌前束、三角肌外侧

## 篮球训练要点讲解

俯卧撑一直是最适合加强前锯肌和胸肌群的练习，这些肌群对传球和投篮很重要。

肩部复原训练

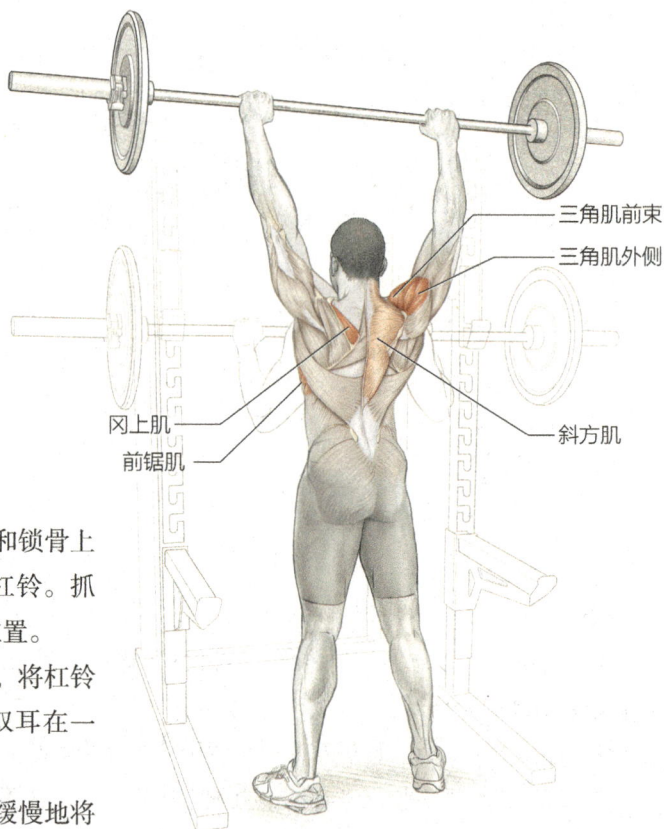

三角肌前束
三角肌外侧
冈上肌
前锯肌
斜方肌

## 训练步骤

1. 站立，在双肩和锁骨上握住一个质量适当的杠铃。抓住杠铃上比肩稍宽的位置。

2. 完全伸展双臂，将杠铃举过头顶，使双臂与双耳在一条线上。

3. 以受控的方式缓慢地将杠铃降低到开始位置。

4. 进行规定的重复次数。

## 涉及的肌肉

**主要肌群：** 前锯肌、三角肌前束、三角肌外侧、冈上肌

**辅助肌群：** 肩胛下肌、斜方肌

### 篮球训练要点讲解

力量和柔韧性对头顶投篮和阻止对手进攻至关重要。硬推专门满足这些需求，同时还有助于预防肩胛骨运动障碍，此情形在篮球运动员中常常看到。

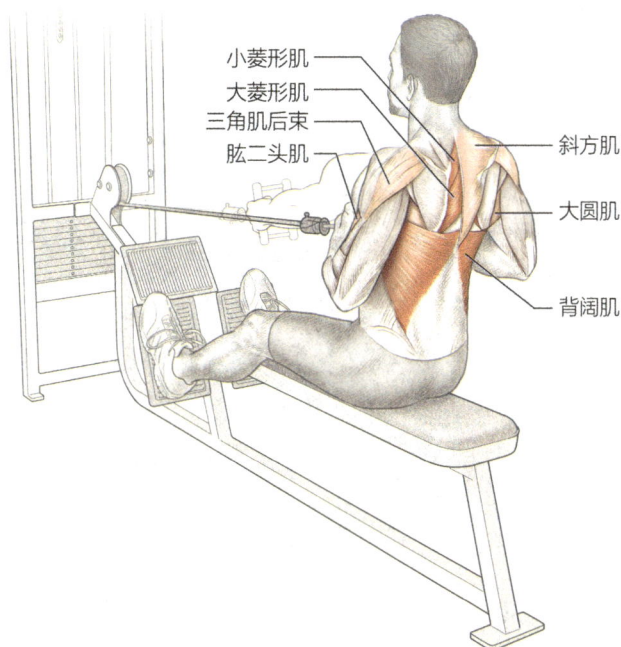

小菱形肌
大菱形肌
三角肌后束
肱二头肌
斜方肌
大圆肌
背阔肌

### 训练步骤

1. 面朝复合拉伸机坐下，或者使用坐姿屈伸机（如果有）。将双脚牢固地放在平台上，双膝稍微弯曲。双手抓住把手，双手手掌相对。

2. 稳定上背部的肌肉组织，以受控的速度朝下胸部拉手柄，同时保持肘部位于身体两侧。不要让肘部穿过身体两侧。保持脊柱直立，不要后倾。

3. 保持躯干稳定，通过较慢且受控地伸展双臂，将把手返回到开始位置。

4. 进行规定的重复次数。

### 涉及的肌肉

**主要肌群：** 背阔肌、菱形肌

**辅助肌群：** 斜方肌、大圆肌、三角肌后束、肱二头肌

### 篮球训练要点讲解

坐姿屈伸不仅有助于锻炼肌肉组织来预防肩部损伤，还有助于运动员护住球和从对手那里抢到球。

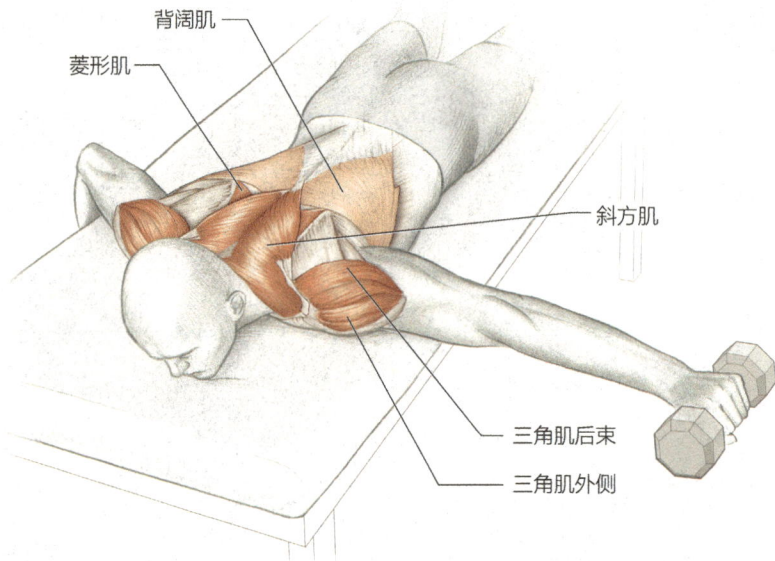

背阔肌
菱形肌
斜方肌
三角肌后束
三角肌外侧

肩部复原训练

## 训练步骤

1. 面朝下趴在桌子或宽凳上，练习的手臂从桌子或凳子一侧悬垂。悬垂的手握住一个适当重量的哑铃，拇指朝前。

2. 牢固地抓住哑铃，朝身体一侧抬起手臂，直到手臂完全伸展。

3. 缓慢地将手臂降低到开始位置。

4. 进行规定的重复次数。

## 涉及的肌肉

**主要肌群：** 菱形肌、斜方肌、三角肌后束、三角肌外侧

**辅助肌群：** 背阔肌

### 篮球训练要点讲解

此练习帮助你锻炼和保持手臂的耐力，这在比赛的下半场快结束或第四节比赛时，在进行大胆进攻或防守时很重要。

# 第 10 章

# 制订训练计划

**篮**球训练需要进行具体的练习，但有条理的行动计划同样重要。像生活中的其他领域一样（比如为孩子的大学教育存钱，建房子，或者建立退休账户），行动计划可帮助你实现目标。每个目标都需要一个计划来确保正确的实施、达到满意的结果。运动员的训练计划没什么不同。本章将详细介绍评估工作、运动员和训练计划的准备、练习的选择以及练习的顺序。

## 评估

实施训练计划之前，你需要记下一些特定的信息，确保进行合适的强化训练。年龄和性别是重要的因素。最重要的是病史；记下任何慢性病状况，比如哮喘或糖尿病，肌肉骨骼缺陷和便秘，或者进行过的手术治疗。列出并描述身体的优势和不足。不了解这些状况、能力和不足，就不可能设计出训练计划。

还要考虑体能训练历史和特定练习的知识。目标（包括教练和运动员的目标）在篮球运动中是一个至关重要的因素。没有目标，计划就没有重点。有许多评估方法可供选择。可选择一种经证明可靠且易于实施的方法。

## 运动员准备

不幸的是，现在的许多年轻运动员在身体上没有过去的年轻运动员那么有活力。他们常常忽视其身体（尤其是神经肌肉系统）适应在孩提时期发生的自然身体压力，并在此基础上进行锻炼的机会。如果走路、跑步、骑自行车、爬树和在学校操场玩游戏被拼车和玩视频游戏所取代，那么年轻人在开始训练和比赛时在体能上是否就没有准备好？如今的年轻人是否已做好长期不间断地进行练习的准备？他们是否有能力避免受伤？

开始制订举重训练计划时，你可能从教练或同行那里听到的一个典型问题是"你可卧推多大质量"，而不是"你准备如何训练"。在进阶到比赛期间所需的高级技能之前，你必须建立并练习基本能力。举重训练也是如此。在尝试举起较重的质量之前，你必须熟悉基本的举重训练技能和练习技巧。根据目前的身体状况和训练历史，在参加正式训练计划之前，你可能有必要进行一段时间的举重训练准备。准备期可保证你获得必要的身体素质，包括软组织柔韧性、关节活动性，以及肌肉、肌腱和关节的力量和稳定性。这段期间也会增强身体的整体条件和工作能力。

举重训练的准备期并没有设想的那么频繁，而是在非常短的时间内完成的。一些训练方法很有效，比如乔瓦瑞克的训练组合，这是力量和健身训练教练伊斯特凡·"史蒂夫"·乔瓦瑞克推广的基本训练方案。（*Javorek Complex Conditioning*，第二版，2013 年。）

# 计划准备

如果你是一位教练，就必须培养为运动员编写训练计划的能力。训练计划应个人化，将多种因素考虑在内，比如病史、性别、生物年龄和训练年龄（经验）、运动项目和参与的位置。举重训练计划的目标是，在进行的练习中适当地组织施加高压力（重力大），让身体适应这种情况。这些训练练习会不断反复进行。正确运用这些设计要素不仅会带来想要的结果，还会预防可能导致受伤的过度疲劳。

## 练习的选择

篮球运动员可进行许多训练练习。具体的练习应基于需求和目标来选择。

主要练习常常以站位进行；它们需要平衡、协调、计时，以及多个关节的不同肌群协同作用。这些主要练习还允许在适当时增大练习中承受的质量，以增强力量和爆发力。

辅助练习需要一种注重单个关节或进行一种单独练习的动作。示例包括腿伸展、腿弯举、二头肌弯举和三头肌伸展。尽管辅助练习在训练中有自己的作用，但本书的重点是主要练习，因为这些练习对最佳地将练习结果转移到篮球运动中具有更大的价值。主要的多关节练习应是训练计划的基础；如果认为有必要，辅助（单独关节）练习应视为一种微调。

## 进行顺序

在日常练习的进行顺序中，一定要首先进行高速爆发力练习（如抓举），然后再进行重物力量练习（如后蹲）。高速运动对神经肌肉系统的压力比低速力量运动更大；因此，不应在疲劳时尝试高速练习。例如，你可能想证明，与进行两三小时的篮球比赛而疲劳后相比，适当的热身运动后纵跳（爆发力活动）得更高。但是在纵跳后，仍可有效地进行两三小时的篮球比赛。

如果在计划中并入辅助练习，可在所有主要练习结束后进行这些练习。

## 每组重复次数

这取决于运动员的需要和进行的练习类型，每组练习中动作的重复次数将不同。尽管肌肉力量和大小（增大）密切相关，但每组练习的不同重复次数反映的是对肌肉力量的重视，而不是肌肉大小。每组力量练习中的重复次数可总结如下。

每组重复 10 次：增强身体力量，注重肌肉增大。

每组重复 5 或 6 次：身体力量的增强比每组重复 10 次更大，不那么注重肌肉增大，但仍可非常有效地增大肌肉。

每组重复 1 到 3 次：最大限度地增强身体力量，但肌肉增大程度最小。

对于爆发性或高速的杠铃或哑铃练习，将每种练习的重复次数限制为 1 到 5 次。重复更多次会导致过度疲劳，限制力量输出和技巧的获得。在举起举重杠铃、哑铃或壶铃时，糟糕的练习技巧将增加受伤风险。

作为一般规则，一组中的重复次数减少时，举起的质量应增加。

## 具体练习的总重复次数

在一次具体的练习中进行的总重复次数（所有练习组的总重复次数）也是计划设计中的一个考虑因素。对于下蹲和卧推等力量练习，总重复次数不应超过 35±3 次。对于高速爆发力练习，总重复次数不应超过 25±3 次，否则可能导致身体过度疲劳。

对于一种具体的练习，每组中的重复次数和总重复次数的指导准则将有助于你开发每天的计划。

## 每周训练天数

准备一个可能持续 6 周、8 周或 12 周（或许更长时间）的季后训练计划时，举重计划通常设计为每周训练 3 或 4 天。这些训练天数的计划目标是，随着在规定时间内不断进行训练计划，提高运动表现并避免过度训练（包括过度疲劳）。本章介绍一种每周 3 天的训练计划，因为这种计划很容易进行，而且非常有效。

这个计划中的训练在星期一、星期三和星期五进行。3 个训练日安排为一个重度训练日、一个中度训练日和一个轻度训练日。星期一通常当作重度训练日，因为普遍认为你已在周末得到了充分休息，为星期一的高强度训练做好了准备。在重度训练日中，你进行安排的练习应以最高的总重复次数举起最大的质量。

星期三是轻度训练日。你可进行与星期一相同的练习或合并一些不同的练习。每组的质量大小和训练总量（重复次数）在星期一的基础上减少 20%~30%。

星期五是中度训练日。这一天包括重度训练日中进行的所有相同练习。但是根据所进行的练习，这个中度训练日在星期一的重度训练的基础上将每组重量和总训练量（重复次数）减少 15%~20%。

变化是关键。你必须在训练期间努力获得想要的身体增强。但是，你必须在重度训练日后恢复，为下一周的重度训练做好准备。从一段时间的压力训练中恢复的能力，也是棒球投手不仅要计算投掷数量，还要在比赛日开始之前休息大约 4 天的原因。投手必须让其身体全面恢复，以便在下次比赛时投出最好的球。

因为星期一是重度训练日，所以你可举起很重的质量，这是一种增强力量和爆发力的理想刺激行为。随后星期三的轻度训练有助于从星期一的重度训练中恢复。星期五的中度训练保持在星期一的重度训练中获得的增强，但不会对身体过度施压，以确保下一个星期可进行另一场成功的重度训练。星期一—星期三—星期五的训练是基于以下原理设计的。

- 星期一：重度训练日带来最大的身体素质增强。
- 星期三：轻度训练日帮助从星期一的重度训练中恢复。
- 星期五：中度训练日保持重度训练日中获得的身体素质增强，但不会导致过度疲劳，为下一个重度训练日做好准备。

对于后蹲（如图 10.1 所示），可按如下方式计划它。

- 星期一：后蹲的最大质量为 300 磅（约 136 千克）。所有练习组中进行的总重复次数为 35 次。
- 星期三：举起的最大质量为 225 磅（约 102 千克）（比星期一的质量减少 25%）。进行的总重复次数为 25 次（比星期一的重复次数减少约 25%）。
- 星期五：举起的最大质量为 255 磅（约 115 千克）（比星期一的质量减少 15%）。进行的总重复次数为 30 次（比星期一的重复次数减少约 15%）。

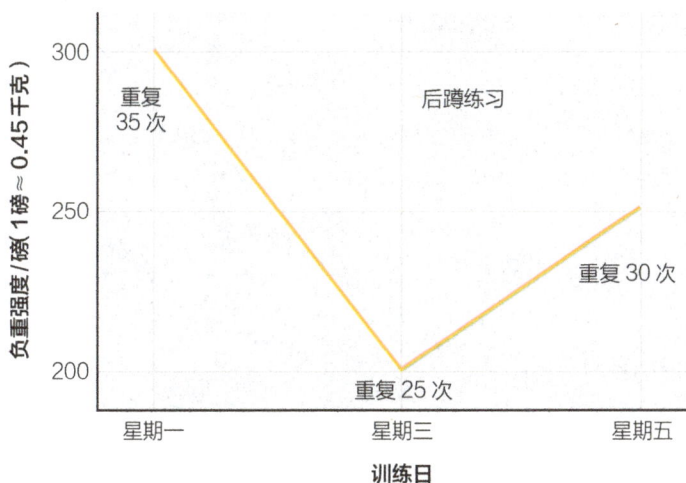

图 10.1　使用后蹲作为例子的训练周

# 先练力量，后练爆发力

　　力量和爆发力练习可在相同的训练期间同时进行；但在此训练期间仅应注重一种身体素质。例如，进行马拉松训练的运动员不能同时进行举重比赛训练。马拉松运动员可进行举重训练来帮助提高跑动表现，但马拉松训练的重点是在一次训练中的累积距离，而不是举起的质量。

　　力量和爆发力也是同样的道理。力量是爆发力的基础。你首先需要建立足够的力量来产生最大的力量水平，然后才尝试以更高的速度产生同样的力。如果你不够强壮，无法产生最大的力量水平，你如何以更高的速度来施加所缺少的力量水平？高速运动也会对身体施压。拥有力量基础就能提高力量输出，增强额外的软组织、肌腱结构和关节完整性，帮助预防受伤。

　　准备好参加训练计划后，前 4 个星期的举重训练应注重力量，这也会引起肌肉增大。这时你还可引入爆发力练习，比如奥林匹克举重，但还应注重正确完成这些更高速练习的技术方面。最初 4 周的力量训练结束后，继续进行力量训练，但在接下来 4 周的训练期间将重点转向锻炼爆发力的练习。

　　与任何其他技能一样，优秀计划的设计是通过反复实践得出的。本章的指导原则有助于你开发有效的训练计划。

# 参考文献

Chaouachi, A., M. Brughelli, K. Chamari, G.T.Levin, N. Ben Abdelkrim, L. Lauren- celle, and C. Castagna. 2009. Lower limb maximal dynamic strength and agility determinants in elite basketball players. *Journal of Strength and Conditioning Research*, 23(5): 1570-1577.

Chen, S.K., P.T.Simonian, T.L.Wickiewicz, J.C. Otis, and R.F.Warren. 1999. Radiographic evaluation of glenohumeral kinematics: A muscle fatigue model. *Journal of Shoulder and Elbow Surgery*, 8(1): 49-52.

Duncan, R.L., and C.H.Turner.1995. Mechanotransduction and the functional response of bone to mechanical strain. *Calcified Tissue International*, 57(5): 344-358.

Inman, V.T., J.B.Saunders, and L.C.Abbott.1944. Observations of the function of the shoulder joint. *Journal of Bone and Joint Surgery*, 26: 1.

Javorek, I. 2013. *Complex conditioning* (2nd ed).

Moseley Jr., J.B., F.W.Jobe, M. Pink, J. Perry, and J. Tibone. 1992. EMG analysis of the scapular muscles during a shoulder rehabilitation program.*American Journal of Sports Medicine*, 20(2): 128-134.

Myer, G.D., D.A.Chu, J.L.Brent, and T.E.Hewett. 2008. Trunk and hip control neuromuscular training for the prevention of knee joint injury. *Clinical Sports Medicine*, 27: 425-448.

Myer, G.D., K.R.Ford, and T.E.Hewett.2004. Rationale and clinical techniques for anterior cruciate ligament injury prevention among female athletes. *Journal of Athletic Training*, 39(4): 352-364.

Myer, G.D., K.R.Ford, and T.E.Hewett. 2008. Tuck jump assessment for reducing anterior cruciate ligament injury risk. *Athletic Therapy Today*, 13(5): 39-44.

Prodromos, C.C., Y. Han, J. Rogowski, B. Joyce, and K. Shi. 2007. A meta-analysis of the incidence of anterior cruciate ligament tears as a function of gender, sport, and a knee injury-reduction regimen. *Arthroscopy*, 23(12): 1320-1325.

Reeves, N., C. Maganaris, G. Ferretti, and M. Narici. 2005. Influence of 90-day simulated microgravity on human tendon mechanical properties and the effect of resistive countermeasures. *Journal of Applied Physiology*, 98(6): 2278-2286.

Selye, H. 1956. *The Stress of Life*. New York: McGraw-Hill.

Turner, A.N., and I. Jeffreys. 2010. The stretch-shortening cycle: Proposed mechanisms and methods for enhancement. *Strength and Conditioning Journal*, 32(4): 87-99.

Warner, J.J., L.J.Micheli, L.E.Arslanian, J. Kennedy, and R. Kennedy.1992. Scapu- lothoracic motion in normal shoulders and shoulders with glenohumeral instability and impingement syndrome. A study using Moiré topographic analysis. *Clinical Orthopaedics and Related Research*, 285: 191-199.

Yin, N.H., W.S.Chen, Y.T.Wu, T.T.Shih, C. Rolf, and H.K.Wang. 2014. Increased patellar tendon microcirculation and reduction of tendon stiffness following knee extension eccentric exercises. *Journal of Orthopaedic and Sports Physi- cal Therapy*, 44(4): 304-312.

# 练习查询表

## 腿：发起运动的部位

## 腰背部与核心：稳定性中心

## 上半身拉伸与爆发力：拉式练习

## 上半身拉伸与爆发力：推式练习

## 预防受伤，避免成为替补

# 作者简介

**布莱恩·科尔博士，医学博士，MBA，**骨科教授，美国伊利诺伊州芝加哥拉什大学医学中心解剖学和细胞生物学系联合教授。他于2011年被任命为拉什橡树公园医院手术室主任。他是拉什大学医学中心软骨研究和康复中心的单位主管，这是一个专门研究年轻、有活力的患者的关节炎治疗跨学科专业。他还是骨科硕士专业的主任，培养运动医学和研究领域的住院医生和研究员。他常在美国当地和国际上发表演讲，而且通过他的基础科学和临床研究，已开发出多种治疗肩、肘和膝盖疾病的创新性技术。他发表了1000多篇文章，还出版了5本被广泛传阅的骨科教科书。

科尔博士自2004年开始每年都被评为美国最佳医生，自2003年开始每年都被评为芝加哥大都会区顶尖医生。他在2006年获得了"芝加哥顶尖医生"称号，并登上了 *Chicago Magazine* 的封面。2009年，科尔博士被评为 NBA 年度队医。2013年，*Orthopedics This Week* 公布"科尔博士被他的同行评选为美国 19 位顶尖医学专家之一"。他是 NBA 芝加哥公牛队的队医，也是美国职业棒球大联盟芝加哥白袜队的队医和芝加哥德保罗大学的校医。

布莱恩·科尔博士是拉什中西部骨科协会的会员，是综合性骨科服务领域的地区领袖人物。他也是美国物理治疗协会运动物理治疗部门 2015 年度林恩·华莱士临床教育工作者奖的获得者。

**罗布·帕纳列洛，理科硕士，PT，ATC，CSCS**，毕业于美国伊萨卡学院，拥有物理治疗和体育教育与运动训练专业的理学硕士学位。他还拥有美国纽约市立大学皇后学院的运动生理学专业硕士学位。他是一位拥有执照的物理治疗师，NATA 认证的运动教练，以及 NSCA 认证的力量和健身训练专家。罗布在运动康复和运动表现等体育训练领域拥有 30 多年经验。

　　罗布的职业经验包括 1986~1995 年在圣约翰科技大学，1991 年在美式足球世界联盟的纽约和新泽西州骑士队，以及 2001~2002 年在美国女足大联盟纽约力量队担任力量和健身训练教练。他担任着许多 NFL、NBA 和高校队的顾问和力量教练。

　　他在运动医学、康复及力量和健身训练领域闻名全美国。罗布经常在全美国发表与这些主题相关的演讲，拥有 60 多部通过同行审阅的出版物。罗布在 1998 年获得了著名的美国体能协会主席奖，是美国体能教练名人堂的一员。